EDUCAÇÃO S.A.
A Inclusão Social dos Jovens Trabalhadores

EDUCAÇÃO S.A.
A INCLUSÃO SOCIAL DOS JOVENS TRABALHADORES

COPYRIGHT © 2015 RICARDO VIVEIROS

Coordenação editorial
Ada Caperuto

Apuração e compilação de dados
Ada Caperuto e Laura de Araújo

Entrevistas e pesquisas
Juliana Tavares
Laura de Araújo
Ricardo Viveiros

Edição de arte e projeto gráfico
Cesar Mangiacavalli

Revisão
Marcia Nunes

Pré-impressão, impressão e acabamento
Intergraf Ind. Gráfica Eireli

Projeto e realização
Ricardo Viveiros & Associados
Oficina de Comunicação
Rua Capote Valente, nº 176
Pinheiros   CEP 05409-000
São Paulo SP   Brasil
Tel.: (55-11) 3675.5444
www.viveiros.com.br

Dados Internacionais de Catalogação na Publicação (CIP)
(Câmara Brasileira do Livro, SP, Brasil)

Viveiros, Ricardo
   Educação S.A. : a inclusão social dos jovens trabalhadores / Ricardo Viveiros. -- São Paulo : Pearson Education do Brasil, 2015.

   ISBN 978-85-430-1510-1

   1. Anhanguera Educacional 2. Carbonari Netto, Antônio 3. Educação - Brasil - História 4. Educadores - Brasil - Biografia I. Título.

15-10065   CDD-370.92

Índices para catálogo sistemático:

1. Educadores : Biografia e obra   370.92

Ricardo Viveiros

EDUCAÇÃO S.A.
A INCLUSÃO SOCIAL DOS JOVENS TRABALHADORES

*... como deixaria o aluno
o professor que lhe deu o saber?*

*Quando o saber está dado
o aluno tem de se pôr a caminho.*

Bertold Brecht

Sumário

Apresentação	7
Introdução	11
Prefácio	15
Capítulo 1 – Resgate das origens	18
Capítulo 2 – Aprender a ensinar	38
Capítulo 3 – Ensino: vocação e profissão de fé	56
Capítulo 4 – Um bandeirante na educação	74
Capítulo 5 – Um marco pedagógico	94
Capítulo 6 – Expansão nacional	126
Capítulo 7 – Anhanguera: lições de inovação	148
Repensar a educação, um exercício político. A visão de Antonio Carbonari	168
Carbonari por definição	208
Referências bibliográficas	216

Apresentação

Foi ainda bem pequeno, sem poder imaginar que no futuro me envolveria diretamente com o tema, que comecei a descobrir o valor da Educação. Afinal, ela começa na família, continua na escola e se faz presente pelo resto de nossas vidas. Aqueles que nos deixam positivos legados, como Platão ou Aristóteles, seguem ensinando por séculos mesmo depois de suas mortes.

A Educação, no meu entender, trata do indivíduo como um todo, é um diálogo interminável que se fundamenta na criatividade e no desejo de quem ensina e de quem aprende. Ou seja, ultrapassa qualquer limite como o do apenas "adaptar a pessoa ao meio", como já foi definida de maneira parcial e simplória.

O desafio da Educação é preparar de maneira ampla para a vida. Portanto, exige conhecimento e diferentes técnicas, sempre renovados na dinâmica do próprio existir. No exercício do Jornalismo testemunhei que somos educados muito além dos bancos escolares, porque aprendemos a cada segundo com as lições da própria vida — erros e acertos nossos e dos outros.

Da Grécia antiga aos dias de hoje, passando por Roma; Humanismo; Comênio; santo Tomás de Aquino; Cambridge, Oxford, Harvard, Sorbonne, Salamanca e outras emblemáticas escolas; Rosseau; Weil; Kant; Pestalozzi; Neill; Piaget; Focault; Vygostsky; Wallon; Illich; Montessori; "escola nova"; Emília Ferreiro; Rosa-María Torres; e os brasileiros Anísio Teixeira; Paulo Freire; Darcy Ribeiro; Mariazinha Fusari; Êda Luiz; Maria Teresa Mantoan e até alcançarmos as experiências educacionais da Era Digital, como o ensino a distância, muita coisa aconteceu na Educação. E continuará a acontecer.

Entretanto, como diz o poeta, o importante não é aonde nos leva a ponte, mas o que passa sob ela...

Por quais boas razões tantas sábias cabeças — gregas, romanas, tchecas, inglesas, suíças, austríacas, francesas, alemães, russas, italianas, argentinas, equatorianas, brasileiras entre outras nacionalidades — têm se ocupado, e de maneira tão apaixonada, do tema Educação? Porque se trata da preservação da espécie, de nossa sobrevivência acima de tudo. Gente educada mata menos, morre menos, erra menos, produz mais. Evolui, vive melhor em sociedade.

O conceito "educação permanente", que desde 1965 a UNESCO emprega, é prova dessa preocupação que não fica apenas no ensino de crianças e jovens, mas, acima de tudo, defende a necessidade humana de aprender sempre. Assim, a escola em todos os seus níveis, da Educação Infantil à Faculdade, tem se tornado cada vez mais importante à formação humana. E, com ela, também os professores — agentes insubstituíveis do saber.

Este livro conta a história de um deles, professor de Matemática que, por sua origem simples e feliz, transcendeu o estereótipo do frio "calculista" e, com muita paixão, tem mostrado sensibilidade não apenas para ensinar, como também para criar instituições de ensino modernas, realistas, competentes, humanas e voltadas à formação integral de seus alunos e alunas. E sempre respeitando os colegas professores, os companheiros funcionários.

É impressionante o resultado prático conquistado por esse professor brasileiro, descendente de imigrantes, em um País de tantas dificuldades e pouco respeito à Educação. Com suas ideias revolucionárias, coragem e muito trabalho, Carbonari é um dos responsáveis pelo ensino superior no Brasil ter alcançado, nas últimas três décadas, um crescimento acima de 30% nas classes "C" e "D" da população. Faixas, até então, praticamente excluídas das oportunidades de obter um diploma universitário.

É admirável observar que do universo de mais de 200.000 alunos desde 2014 e até hoje formados apenas pela Universidade Anhanguera, dentre outras realizações educacionais de Carbonari, 79% do total deles estão atuando no mercado formal de trabalho – empregados ou empreendendo seus próprios negócios. O aumento médio obtido na renda mensal de cada um deles, de no máximo três salários mínimos quando ainda estudantes, após a diplomação atinge 122%. Um inegável processo de democratização do ensino superior no Brasil.

A vida e a obra do professor Antonio Carbonari Netto, registradas nestas páginas, são a feliz certeza de que vale a pena acreditar em si mesmo, no Brasil e, em especial, na geração de concretas oportunidades para a juventude. Desta forma responsável de educar, sem as vaidades comuns às academias, com visão prática do que acontece no mercado de trabalho, Carbonari fez uma revolução no ensino brasileiro. Por isso, é ainda mais reconhecido no Exterior do que em seu próprio País.

Esta é a biografia de um homem corajoso, emocionado, capaz, transparente e lúcido. Para quem, como esta ciência se fundamenta, a Educação começa na criatividade e nunca termina. Porque existe a certeza de que no ensino não se pode sonhar pequeno, e a realidade precisa ser respeitada a cada novo momento. Por tudo isso, a partir deste livro, o professor Antonio Carbonari Netto, com justiça, se torna eterno além da gratidão que habita os corações e mentes de seus milhares de alunos.

Ricardo Viveiros

Introdução

Os grandes personagens da minha biografia

O aprendizado com os alunos, durante anos lecionando Matemática, foi decisivo para o sucesso da Anhanguera como empreendimento na área do Ensino Superior até a sua fusão com a Kroton. Em cada aula, pensava no futuro daqueles estudantes e na responsabilidade dos mestres e das escolas de lhes proporcionar condições de aprender, emancipar-se, trabalhar e desenvolver uma carreira que lhes garantisse vida digna.

Tal inquietação jamais me permitiu entender cada aula, por melhor que a ministrasse, como apenas missão profissional cumprida em mais um dia de trabalho. Uma quase angústia quanto ao real papel do professor e da escola impelia-me a pensar, refletir, estudar, pesquisar e analisar os rumos da educação no Brasil. Estaria cumprindo a missão prioritária, em larga escala, de contribuir para a socialização das oportunidades por meio da democratização do acesso ao ensino de qualidade?

As respostas para o problema já eram amplamente conhecidas, ou seja, a má qualidade da escola pública e o melhor nível das particulares no Ensino Básico, gerando uma distorção no acesso às universidades: com raras exceções, os que podem pagar colégios privados ingressam nas públicas, concluindo sua formação acadêmica de graça; os que não têm poder aquisitivo vão para as instituições particulares.

Ante essa irônica realidade, repercutida e analisada à exaustão pelos especialistas, professores, reitores, jornalistas e políticos, jamais me resignei, em especial nos momentos nos quais estava lecionando, ao observar a ansiedade, as dificuldades, a esperança ou ausência dela e o pedido de socorro, mesmo que inconsciente ou subliminar, nos olhos e na atitude de cada aluno – a grande maioria vinda das camadas mais simples da população.

Foi tal inconformismo que criou a Anhanguera, com todos os diferenciais que vocês vão conhecer lendo este livro. A síntese de seu modelo foi a resposta que tanto procurei para dar aos meus alunos: ensino superior de qualidade, com foco preciso na formação de profissionais capazes de desempenhar múltiplas ocupações no mercado de trabalho, a um preço que muito mais famílias e jovens brasileiros pudessem pagar. Ou seja: faculdade boa e barata e, portanto, realmente transformadora da vida dos estudantes. Capaz de lhes dar não apenas o fundamental acesso ao mercado de trabalho, mas, acima de tudo, condições de mostrar desempenho prático para manter o emprego conquistado.

Se analisarmos mais profundamente, é quase o mesmo raciocínio das cotas, mas elevado a uma dimensão mais ampla, jamais alcançada anteriormente no Brasil e em países com perfil socioeconômico semelhante ao nosso. Afinal, trata-se de oferecer aos alunos das escolas públicas do Ensino Básico a oportunidade de acesso à educação superior de qualidade, capaz de promover sua inclusão econômica e a melhoria da vida de suas famílias.

Não inventei esse modelo de universidade – boa, com preço acessível e preparando para a realidade do trabalho –, mas entendi, repito, a partir dos olhares ansiosos dos meus alunos, o quanto ele era cabível e necessário no Brasil. Com a ajuda de pessoas competentes e o apoio e a participação de minha família, eu o aperfeiçoei e o adaptei à luz da realidade nacional. Não havia como dar errado, pois era a resposta óbvia a um problema muito sério, antigo e até então insolúvel da educação brasileira.

Para o sucesso da Anhanguera, portanto, foi mais decisivo o eu do professor do que o eu do empresário. Este nasceu em mim para aplacar e atender ao inconformismo do docente. Coube ao matemático racionalizar e potencializar o modelo, convertendo-o num negócio sustentável, capaz de cumprir a missão de incluir pelo conhecimento. Tudo só foi possível, também e principalmente, porque tive a ajuda de pessoas muito competentes, que entenderam o ideal nascido em sala de aula, engajaram-se nele e contribuíram em muito para viabilizá-lo como negócio.

Imensa foi a alegria de perceber a paulatina disseminação desse modelo no País, a ponto de diagnosticar plena sinergia com a Kroton. A fusão das duas instituições foi natural, quase espontânea, irresistível ante a possibilidade de multiplicar, com a otimização dos custos que uma operação dessa magnitude proporciona, o acesso de alunos ao nível de Ensino Superior, que fosse capaz de transformar o futuro de cada um.

Empreender na área da Educação transcende em muito ao justo e necessário objetivo do lucro, já que vivemos em uma sociedade capitalista e, portanto, na qual ele não é um pecado.

Em vários momentos de uma longa jornada, neste livro registrada com precisão pelo jornalista e professor Ricardo Viveiros, fui alvo de duras críticas ao que se optou por chamar de Educação S.A., propositalmente o título desta obra. Como se não fosse necessário, para dar certo, um tratamento respeitoso e profissional ao negócio de educar. Um cuidado empresarial de alto nível, capaz de transcender preconceitos, romper parâmetros meramente teóricos e, com coragem, construir uma responsável e realista oportunidade para milhões de jovens alcançarem e se manterem no mercado de trabalho.

Quando somos criativos, montamos e desenvolvemos uma escola. Em qualquer grau, estamos falando exatamente de vidas, as vidas de milhões de crianças e jovens, que, na verdade, são os grandes protagonistas da minha biografia. A eles minha eterna gratidão.

Antonio Carbonari Netto

Prefácio

O mestre que sabe aprender

Antonio Carbonari Netto é protagonista de um dos capítulos mais importantes da história do ensino no Brasil, ao ter criado uma das maiores instituições universitárias do País, a Anhanguera, e ao tornar-se um dos principais dirigentes da Kroton, líder absoluta do setor educacional no Planeta. Professor por excelência, lecionou Matemática por 20 anos, antes de tornar-se competente empreendedor.

Ninguém constrói algo de tamanha dimensão na área do saber sem alcançar em profundidade os sonhos, dificuldades e expectativas do estudante. Para isso, é preciso sensibilidade humana aguçada. Do mesmo modo, não se constitui um grupo de faculdades tão bem-sucedido sem a humildade de pesquisar, ler e aprender, com os próprios alunos, os colegas de profissão, colaboradores e sócios que foi agregando à sua trajetória.

A significativa obra de Carbonari é uma soma equilibrada e rara do coração do mestre com a mente do empreendedor; o resultado do trabalho de alguém que sabe ensinar e aprender sempre. É uma história a ser contada e difundida, como referencial para a Educação e o universo corporativo. Por essa razão, sempre achei, e insisti em lhe dizer, que precisava compartilhar seu exemplo de sucesso com toda a área do ensino, as atuais e as futuras gerações.

Tal objetivo começou a viabilizar-se a partir do feliz encontro, que tive a felicidade de promover, do professor Carbonari com o jornalista Ricardo Viveiros, o melhor e mais articulado escritor, profissional e empresário da área de comunicação/assessoria de imprensa que conheço! O conteúdo deste livro comprova o quanto foi exitosa a parceria, ao aproximar o homem que criou métodos de gestão acadêmica de alta performance do jornalista e escritor sensível e habilidoso em captar a essência para escrever biografias primorosas.

Ricardo expõe com precisão o perfil e o caráter de Carbonari, professor e empresário inteligente, criativo, de raciocínio rápido, descontraído, sincero, respeitoso e simples na interação com todos! Um líder nato, excelente estrategista, articulador e mestre também na habilidade política e diplomática, no trato com os setores público e privado. Pioneiro, foi o primeiro gestor da Educação a abrir o capital de uma instituição de ensino.

Assim é Carbonari! Considero um privilégio tê-lo como amigo! Este livro lhe faz justiça, ao dar mais visibilidade a uma história que, por importante e motivador exemplo, precisa ser mais conhecida pelos brasileiros.

Custódio Pereira [*]

---

[*] Professor universitário, mestre pela Universidade Mackenzie e doutor pela Universidade de São Paulo (USP), é diretor-geral da Associação Santa Marcelina, mantenedora dos Colégios e das Faculdades FASM e FAFISM.

Resgate das origens

Capítulo 1
Resgate das origens

Junho de 2011. O brasileiro Antonio Carbonari Netto prepara-se para ministrar mais uma palestra sobre empreendedorismo. Já perdeu as contas de quantas vezes fez isso. Neste final de tarde, seu palco será um dos auditórios da Universidade Stanford, em Palo Alto, na Califórnia (EUA). Ele terá diante de si um dos públicos acadêmicos mais seletos do planeta. De Stanford já saíram presidentes dos Estados Unidos da América, ministros e juízes da Suprema Corte daquele país. Em seus laboratórios são desenvolvidas pesquisas que revolucionam o mundo da Medicina, da Engenharia, da Física. Ao lado do Instituto de Tecnologia de Massachusetts (MIT), Stanford é um dos principais celeiros de *startups* do mundo.

E, dentro de instantes, ele, neto de imigrantes italianos, fundador das Faculdades Anhanguera, matemático, empresário e ex-professor de cursinho pré-vestibular, contará sua história para jovens que, muito provavelmente, não imaginam como é a realidade dos brasileiros que terminam o Ensino Médio sem dinheiro para cursar uma universidade de "grife" e com mínimas chances de conquistar uma vaga nas disputadíssimas instituições públicas de ensino superior. São brasileiros talentosos, com garra e capacidade para se tornarem profissionais altamente eficazes. Mas que, para terem seu lugar ao Sol, precisam lidar com os problemas históricos de um país eternamente fustigado pela desigualdade – uma desigualdade que se faz sentir desde o berço, estende-se pelos anos do Ensino Infantil e Fundamental e agrava-se na hora de o cidadão preparar-se para o mercado de trabalho.

Para o professor Carbonari, que um dia esteve do lado de lá do balcão do armazém do pai e que nunca viveu na redoma própria dos membros da elite, essa realidade tão tipicamente brasileira exigia uma resposta revestida de "lógica matemática": ensino de qualidade, com foco no mercado e não no academicismo, preços acessíveis e um programa estruturado de tal forma que o jovem que trabalha fora e precisa conciliar vida pessoal, estudo e emprego não se sentisse um peixe fora d'água. Ensino exigente, sim, mas não inviável. Aulas claras, diretas, sem os hermetismos pretensiosos que fazem muita gente inteligente se desmotivar e crer que não tem a capacidade necessária para conquistar o diploma universitário – este, sim, o grande sonho das classes médias ascendentes, muito mais ambicionado e valorizado que o carro do ano ou a viagem ao redor do mundo.

E assim, satisfeito com suas realizações e ciente de que ainda tem muito mais a edificar, Carbonari compartilhará, de novo, sua experiência de levar a oportunidade de acesso ao ensino superior para o brasileiro médio. Ele sabe que seu *case* é interessante. Afinal, em 2010, foi ovacionado em outro centro de excelência mundial, a Universidade Harvard, fundada em 1636, e que já concedeu diplomas a sete presidentes dos Estados Unidos, de John Adams a Barack Obama. O mesmo evento já acontecera em diversos congressos, foros e demais palcos de discussão aos quais sempre é convidado.

Fundador: Antonio Carbonari Netto discursa em convenção da Anhanguera

Carbonari avança. O auditório está lotado. Antes de começar a falar, o professor passeia os olhos pela plateia e sorri, discretamente, ao reencontrar um velho conhecido: o olhar curioso dos jovens que desejam saber. Este, sim, é o mesmo e independentemente de origem, classe social ou história de vida. Jovens do mundo inteiro sempre querem saber mais e mais. E essa fome de conhecimento é a melhor aliada que um educador pode ter, não importa se dentro ou fora da sala de aula. E não deixar que essa fome seja saciada é o segredo de um empreendedor bem-sucedido.

Antes que ele inicie sua palestra, passam por sua cabeça rápidos *flashes* de sua trajetória como professor e empresário – lutas, conquistas, parcerias, descobertas... O coração aquieta e a memória aflora.

Entre os anos 1880 e 1930, o Brasil viveu o auge da chegada de imigrantes italianos. As primeiras levas se instalaram no Sul do País, especialmente nos territórios que hoje correspondem às cidades de Caxias do Sul, Bento Gonçalves e Garibaldi, no Rio Grande do Sul.

No Sudeste, os italianos encontraram acolhida sobretudo nas fazendas cafeeiras paulistas, que encabeçavam a produção daquele que era o item mais valorizado da pauta de exportações. Cabe ressaltar que o governo brasileiro – tanto no período do Império quanto na República, proclamada em 15 de novembro de 1889 – adotou duas estratégias em sua política de atração de trabalhadores estrangeiros: uma era focada na oferta de oportunidades aos mais pobres, que buscavam meios de melhorar de vida no além-mar; e a outra tinha como objetos os detentores de algum patrimônio e melhor formação, que ambicionavam fortuna em novas terras, "fazer a América".

Entre os imigrantes atraídos pelas oportunidades desta terra ensolarada ao Sul do Equador, estava Antonio Carbonari, nascido em Trento, Norte da Itália, em 1873. Naquela época, a região pertencia ao Império Austro-Húngaro, a vasta região europeia que resultou de um acordo firmado entre a nobreza austríaca e a húngara, em 1867, mas foi desfeita após o término da Primeira Guerra Mundial, em 1918. Por isso, sua certidão de nascimento era da Áustria, mas o velho imigrante jamais se considerou um verdadeiro austríaco.

Ele estava com sete anos quando veio para o Brasil, mais exatamente o município de Campinas, interior do Estado de São Paulo. Em 1888, a família se mudou, fixando residência na região de Vinhedo, no bairro Traviú – bem próximo de Jundiaí, mais ou menos na altura de Louveira. Ali, sentiam-se em casa. Eram muitos os italianos ávidos por uma vida nova na terra promissora. A cidade de Jundiaí beneficiava-se com a expansão da produção cafeeira para o Oeste do Estado.

Havia sinais de progresso por toda a parte. Aliás, pode-se dizer que, a partir da segunda metade do século XIX, Jundiaí começou a experimentar uma época áurea: a Ferrovia Santos-Jundiaí foi inaugurada em 1867, e logo a região se destacou por seu papel estratégico em transporte e logística. Em 1872, entrou em operação a Companhia Paulista de Estradas de Ferro. O abastecimento de água foi implantado em 1881, a energia elétrica chegou em 1905 e a telefonia em 1916. Graças a essa boa infraestrutura, o processo de industrialização acelerou-se.

Os italianos recém-chegados instalavam-se, preferencialmente, na região hoje conhecida como Colônia, no Núcleo Barão de Jundiaí, implementado pelo então presidente da Província de São Paulo, dr. Antônio de Queiroz Telles, o conde de Parnaíba, filho do barão de Jundiaí. O mesmo perfil detinha a região de Traviú-Vinhedo, que acolheu os Carbonari. Também ali, a farta mão de obra europeia dava vida a lavouras ricas. Plantações de uva ocupavam vales e encostas. Curiosamente, a cidade de Vinhedo ainda não existia, pois não passava de um distrito chamado de Rocinha, politicamente subordinado à administração jundiaiense.

Ali, o avô do futuro matemático e empreendedor trabalhou como colono, por mais de 20 anos, e conseguiu comprar uma fazenda de 70 alqueires. Ao lado dos 13 filhos, começou a produzir uvas de diversas variedades: branca, de mesa, niágara. Certo dia, no final da década de 1940, o agricultor se deparou com um inesperado cacho de uva rosada em um pé de uva branca. Assim, resolveu fazer enxertos e levar adiante a produção da fruta que, naquele momento, era rara. Resultado:

tornou-se "o pai" da uva rosada niágara. Seu feito foi reconhecido: o Marechal Eurico Gaspar Dutra, presidente da República naquela época, até agraciou o imigrante italiano com a Comenda da Ordem Nacional do Cruzeiro do Sul, a mais alta honraria concedida pelo governo brasileiro a uma personalidade estrangeira.

A avó paterna veio de Ferrara, na Itália. Sua família, os Storani, também era de colonos. Alta, enérgica, determinada, Maria Storani Carbonari era a típica matriarca, na mais perfeita tradução que se espera de uma mulher que precisa trabalhar na lavoura e criar os filhos.

A próspera plantação de uvas garantiu à família uma condição financeira muito tranquila e provou ter sido uma boa escolha após a crise desencadeada pelo *crash* da bolsa de valores de Nova York, em 1929. O fato acarretou uma queda drástica no valor do café, cujo preço caiu para a metade do que valia no ano anterior. Ou seja: as expectativas de ganho dos cafeicultores foram reduzidas em 50% da noite para o dia.

O declínio da produção cafeeira afetou o modo de vida dos muitos imigrantes que, naquele momento, dependiam economicamente da produção da *commodity*. E essa impressionante massa de trabalhadores começou a rumar para um terreno bem mais promissor: a indústria paulista.

Um dos redutos mais visados naquele momento foi a cidade de Jundiaí. No início do século XX, a cidade contava, de acordo com o censo realizado pelo Governo Federal, com uma população de 44.437 habitantes – boa parte dela formada por italianos e seus descendentes. Havia, portanto, muitos trabalhadores disponíveis para ocupar o chão de fábrica de uma indústria em ascensão. E, posteriormente, parcela significativa da mão de obra egressa desse núcleo foi absorvida pelas ferrovias, além da produção industrializada.

Por ter se estabelecido em outro ramo agrícola, a família Carbonari permaneceu em boa situação. O velho patriarca andava pela cidade com seu tradicional cavanhaque bem aparado, sempre elegantemente vestido de paletó, portando os inseparáveis cachimbo, chapéu e bengala.

O avô materno, Gino Tacolino, era bem diferente do *nonno* Antonio, pois desde a origem viveu em ambientes cosmopolitas. Nascido na Região de Lucca, Itália, foi ainda pequeno morar em Boston, Estados Unidos, com o pai. Cursou o primário na fria cidade americana e voltou com a família para o país natal no início da adolescência. Aos 14 anos, resolveu aventurar-se e tentar a sorte no Brasil, onde já vivia uma de suas irmãs.

Era o começo do século XX. A cidade recebia os eflúvios da prosperidade cafeeira palmilhada na zona rural. Floresciam bancos, casas de comércio e toda sorte de negócios. Ao adolescente Gino, que morava com a irmã no bairro Santana, zona norte da capital paulista, ocorreram duas ideias: a primeira consistia em aproveitar a proximidade da Serra da Cantareira para extrair e vender carvão; a segunda tinha a ver com a criação de um pequeno empório de secos e molhados. Escolheu as duas opções.

Ao armazém agregou uma pista de bocha, tradicional jogo italiano. Para a carvoaria, a matéria-prima estava ali pertinho, na Serra da Cantareira, cujos 64.800 hectares de área cobrem os municípios de São Paulo, Guarulhos, Mairiporã e Caieiras. Naqueles tempos, quando o lugar não era ainda área de preservação ambiental, as carvoarias faziam a derrubada de árvores para o fabrico do carvão vegetal. A prática tornou-se proibida por lei e, a partir de 1963, a serra passou a ser uma reserva florestal. O fato é que, por volta de seus 16 anos, Gino já entregava carvão por Santana inteiro e começou a ganhar muito dinheiro. Chegou a ter 40 casas ali no mesmo bairro, sendo que em uma só rua tinha 20 casas. Essa rua, hoje, chama-se Abreu Sampaio.

Com o aluguel dos imóveis, os negócios da família prosperavam. No armazém, localizado à rua Damiana da Cunha, no bairro Imirim, o avô atendia a muitos ingleses e alemães, utilizando o inglês rudimentar que aprendera em sua infância nos Estados Unidos. Era dinheiro certo, sem medo dos "penduras". Porém, aos 40 anos, com suas duas filhas já casadas, o negociante italiano resolveu vender o comércio e se aposentar por conta.

– *Tenho 40 casas* – dizia –, *se eu vender uma por ano, posso viver bem até os 80 anos.*

E, de fato, Gino viveu com conforto. Tinha automóvel próprio, o que era raridade na época. Gostava de usar bons ternos, não dispensava gravata, fumava charuto... Também ia ao teatro, principalmente à ópera. Era um *habitué* do Theatro Municipal de São Paulo e, apaixonado por música, um clarinetista amador. Ele levaria essa vida até os anos de 1970, período crítico para a economia brasileira, com os índices inflacionários atingindo picos históricos. Foi quando decidiu transferir a administração do patrimônio para um dos netos mais velhos.

– *Acho melhor você administrar essas casas* – disse. *Não existia essa tal de inflação quando fiz meus planejamentos, e não quero morrer pobre.*

E, assim, Gino Tacolino pode desfrutar a vida até os 94 anos. Morreu tranquilo, após uma aposentadoria que durou mais de cinco décadas, e ainda deixando 11 casas como herança.

É preciso dizer que, além do conforto material, ele também teve a felicidade de viver um amor tranquilo. Tudo começou quando sua irmã, Emília, que estivera na Itália, contou-lhe que havia reencontrado uma amiga de Gino, dos tempos da infância. Ela ressaltou a beleza da moça e o temor por seu futuro, pois a Primeira Guerra Mundial, que terminaria apenas em 1918, estava maltratando o continente europeu.

– *Quem perguntou de você foi uma menina, Maria. Vocês brincavam juntos quando eram pequenos* – disse Emília.

– *E como ela está?* – interessou-se Gino, que estava com seus 18 anos e ainda se lembrava da garotinha de Pariana, na região de Lucca, Itália.

– *Está uma moça bonita, mas precisa ir embora de lá. A guerra está acabando com a Itália e ela passa os dias cortando lenha para os soldados.*

– *Entendo. Por favor, mande uma mensagem para ela. Pergunte se quer se casar comigo...*

Maria Imbasciatti aceitou o pedido. Veio da Itália a bordo de um navio e morou na casa da cunhada Emília por seis meses. Tempo suficiente para Gino fazer a corte e acertar os preparativos para o casamento. Apaixonados, Gino e Maria permaneceram juntos a vida toda – um sólido casamento de 70 anos, marcado por cumplicidade e companheirismo.

É muito provável que seja ela, Maria Imbasciatti, que tenha exercido influência no perfil empreendedor do futuro criador do

Grupo Anhanguera. A italiana possuía forte caráter empreendedor e fantástico poder de inovar. Trabalhava cerca de 15 horas por dia no armazém. Se Gino era o proprietário, Maria tinha o poder de decisão. Era quem percebia o que estava certo e errado e também quem cuidava do dinheiro. A avó materna de Carbonari Netto era muito criativa e incentivadora daqueles com quem convivia. Características que transmitiu à sua filha e que, depois, foram passadas para o neto. A genética dos Imbasciatti seria muito forte em sua formação. E a isso, ele deveria o profundo tino comercial e sua inventividade.

Da família paterna veio, em primeiro lugar, o impulso apaixonado. Uma união entre razão e sentimento que originaria o sonho a ser concretizado no futuro: o projeto dos Centros Universitários Anhanguera. Em segundo, mas não menos importante, o apurado dom para o comércio.

Um dos descendentes do casal Carbonari foi José Carbonari, nascido em 1902. Para ele, a vida de produtor de uvas estava longe de ser suficiente, e logo descobriu maneiras mais criativas de ganhar dinheiro. Ainda jovem, demonstrou ser um comerciante nato. Tinha menos de 30 anos quando, ao lado de um irmão que morava na Capital, destemido e homem de ação, montou duas bancas de venda de uvas no Mercado Municipal de São Paulo. Localizado no fervilhante centro da cidade, o gigantesco mercado, fundado em 1933, já era um importante entreposto comercial de atacado e varejo, especializado na comercialização de frutas, verduras, cereais, carnes, temperos e outros produtos alimentícios. Além das barracas, com uma carroça, duas parelhas de burro, eles compravam e vendiam outras mercadorias, como atacadistas.

Quando a produção da lavoura era farta, os dois irmãos fretavam um trem de 12 vagões em Jundiaí, enchiam de uva rosada e iam vender no Rio de Janeiro. Assim que chegavam à Central do Brasil, a principal estação da antiga e, naquele período, ainda importante Estrada de Ferro Dom Pedro II, nem precisavam seguir para o mercado. Vendiam tudo ali mesmo, a bom preço, e voltavam sobre os trilhos para Jundiaí, contentes e levando uns bons sacos de dinheiro vivo.

Além do lucro, a aventura comercial nesse ritmo rápido e direto tinha a vantagem de desobrigar os rapazes de se vestirem com a elegância exigida na época, pois o mercado ficava na chique rua do Ouvidor.

O Rio de Janeiro daquela época bem poderia ter intimidado os rapazes interioranos. A nata da sociedade vestia-se com roupas importadas de Paris ou, no caso daquelas confeccionadas no local, urdidas sempre com os melhores tecidos e modelagem inspirada na moda europeia. Hábitos cosmopolitas, como o de tomar chá à maneira inglesa, emprestavam sofisticação adicional aos cariocas e a todos aqueles que habitavam a então capital da República. Um simples passeio pelo mercado central exigia um mínimo de produção – e este "mínimo" era bem mais do que os rapazes da colônia italiana estavam preparados para ostentar. Não que lhes faltasse dinheiro! Ao contrário. O que eles não tinham era esse ímpeto por afetar elegância e requinte. Afinal, os dois eram sitiantes, e não "almofadinhas" metidos em calças e jaquetas feitas sob medida.

O fato é que, aos poucos, o jovem que um dia seria pai de Antonio Carbonari Netto aprimorou seus talentos de mercador e começou a ganhar cada vez mais dinheiro. De repente, sentiu que faltava apenas um amor para que se sentisse perfeitamente feliz. E esse amor veio durante uma viagem para Itatiba, quando o impávido comerciante conheceu Ida Rossi. Apaixonou-se, mudou-se para a cidade da amada, casou-se e ali comprou um pequeno armazém, que foi seu por toda a vida.

Situada a pouco mais de 20 km de Jundiaí, a pequena cidade também sobressaíra como reduto da imigração italiana e da produção cafeeira. Na segunda metade do século XIX, o município já havia alcançado relevantes resultados econômicos, com produção significativa e possibilidade de seu escoamento e comercialização por meio da Estrada de Ferro Carril Itatibense.

Porém, a crise de 1929 e outras dificuldades impuseram obstáculos à atividade agrícola. Tal como sua "vizinha grande", Jundiaí, Itatiba abraçou a vocação industrial.

As primeiras manufaturas ali instaladas pertenciam aos ramos têxtil, calçadista e de produção de fósforos. Em seguida, vieram as indústrias do segmento moveleiro, tendo como característica principal a produção de móveis em estilo colonial. Havia, portanto, uma efervescência produtiva e um grande número de famílias com integrantes economicamente ativos, prontos para consumirem os produtos ofertados pelo armazém dos Carbonari. O comerciante prosperou, oferecendo mercadorias diversificadas, como grãos, produtos de limpeza e uma ou outra utilidade doméstica.

Ao mesmo tempo em que os negócios cresciam, sua família aumentava. O casal provavelmente teria permanecido unido para sempre, mas Ida faleceu, deixando para o viúvo a responsabilidade de criar os sete filhos, seis meninas e um menino. A solidão e a tristeza poderiam ter minado suas energias, mas seu destino mudou graças às muitas visitas que fazia ao irmão, que morava próximo do pai, no bairro Santana, na Capital. A duas quadras da casa, morava uma bela viúva, de apenas 22 anos, mãe de um filho pequeno. Certo dia, o comerciante de 44 anos avistou a jovem Edília no terraço e ficou encantado. Conversa vai, conversa vem, começaram a namorar.

A diferença de idade dos dois era grande e claro que os pais da moça ficaram desconfiados. Se Gino Tacolino achou ruim, foi Maria Imbasciati a maior opositora ao namoro: não gostou nem um pouco do pretendente ao descobrir que a filha "herdaria" a prole numerosa do novo marido. E logo ela, que havia estudado em uma das melhores e mais tradicionais escolas da cidade, o Colégio Santa Inês, fundado em 1907.

No entanto, o casamento aconteceu em 1947. E a nova esposa de José Carbonari revelou-se uma fortaleza. Passou a administrar a casa em Itatiba e as oito crianças com pulso firme. A operação equivalia a gerenciar uma microempresa. Tão logo acabava de fazer o café da manhã, ela limpava tudo e descia para o armazém. Trabalhava o dia todo ao lado de dois de seus enteados e do marido. Havia ainda dois empregados que ajudavam no armazém, além de duas moças que auxiliavam no trabalho da casa. Mas era Edília quem supervisionava tudo. À noite, ela tomava nota das contas do armazém, detalhadamente e sem cometer um só borrão no livro-caixa. O balcão não era novidade para ela. Antes do primeiro casamento, ela já trabalhava no armazém de seu pai, Gino. Depois do matrimônio, seguiram-se outros 25 anos na lida, agora ao lado do marido.

Nem por isso ela deixava a desejar como dona de casa. Ficaram na lembrança de Carbonari Netto os sabores de sua infância. Dona Edília lidava muito bem com os dois grandes fogões da casa, um a gás e outro elétrico, para dar conta de preparar as refeições do pequeno "batalhão" que era sua família. A excepcional doceira também guardava alguns segredos, literalmente. Quando as vizinhas pediam as receitas, ela sempre deixava de fora um ingrediente. E assim ninguém conseguia reproduzir seus pratos. O segredo para preparar o mais famoso deles, a torta de maçãs com claras, seria revelado a uma única pessoa: sua nora.

Com tanto trabalho e todos os desafios inerentes aos cuidados requeridos por uma família numerosa, demorou para o casal ter seu próprio bebê. Somente no quinto ano da união veio o único filho de ambos, sendo o oitavo dele, que àquela altura já estava com 49 anos, e o segundo dela, então com 27. Desejado, amado e mais do que esperado, em 1951 veio ao mundo Antonio Carbonari Netto.

Por ser o único filho do segundo casamento dos pais, Antonio Carbonari Netto, nascido aos 12 de fevereiro de 1951, em Itatiba, ocupou o confortabilíssimo posto de caçula da família. As seis irmãs o paparicavam em tempo integral, a ponto de o pai exigir, exasperado, quando o garoto tinha dois anos, que parassem de levar o menino no colo, "porque senão ele nunca vai aprender a andar".

O menino viveu uma infância simples, interiorana, mas com todo o conforto, livre de privações. Às vezes cometia peraltices, inclusive na escola, onde chegou a dar uma resposta atravessada à professora que não compreendia o fato de ele ser canhoto e, por isso, tentava repreendê-lo por não pintar igual aos outros alunos. Também aprontava muito nas aulas de Catecismo, mas, ainda assim, foi merecedor de uma medalha de ouro. O conhecimento religioso que lhe garantiu a láurea deveu-se às irmãs, que o "doutrinavam" dia e noite. Mas a melhor lição, pós-catecismo, veio do pai:

– *Agora que você entrou para a Igreja, se tornou católico. Os padres bebem vinho. Então, está na hora de você começar a tomar sangria* – decretou.

E assim o garoto de oito anos foi, aos poucos, sendo introduzido no "sagrado" hábito familiar, já assumido pelo seu pai.

Além dos mimos e do amor das irmãs, Antonio teve a sorte de receber exemplos edificantes de uma família em que o trabalho era extremamente valorizado. O pai não media esforços para sustentar a família e era, em alguns momentos, autoritário. Por isso mesmo, extremamente respeitado pelos filhos. Sua mãe coordenava, com maestria, o trabalho do armazém e da casa. Sabia como ninguém tomar decisões. Era uma gestora nata, conduzia os assuntos do lar com pulsos de ferro. Aliás, mais um aspecto a ser considerado no DNA que deu ao novo filho...

Ambos se tornavam sorridentes e felizes durante as inesquecíveis festas da família. Descontraíam-se quando, embalados pelas taças transbordantes do honesto vinho produzido na região, se reuniam com amigos e vizinhos e entoavam as canções tradicionais que os faziam relembrar seu lar primordial, como *Quel mazzolin di fiori*. Eram, principalmente, as canções dos *alpini*, tropas de infantaria de montanha, que durante a Primeira Guerra Mundial haviam tido um papel muito importante para derrotar os austríacos e integrar a região de Trento ao território italiano.

Nessas ocasiões, a mesa era farta, com churrasco e muitos doces – fossem as tradições italianas ou as iguarias brasileiras, como a preferida do caçula: a goiabada. Essa mistura de receitas representava um fato que, mais tarde, Carbonari Netto se daria conta: seus avós se consideravam mais brasileiros do que italianos. Eles sempre acreditaram no Brasil.

Por incrível que pareça, o jovem que mais tarde receberia títulos e diplomas em diversas áreas acadêmicas, incluindo a de gestão universitária, recebeu da mãe italiana sua primeira lição no campo administrativo – e até hoje ele se apoia nesse conhecimento.

– *Ao atender aos clientes no armazém, você deve pegar pelo menos três pedidos por vez* – ensinava a mãe.

– *Por quê?* – questionava Antonio, que durante um tempo ajudou os pais a cuidar do negócio da família.

E ela explicava, paciente:

– *É que as pessoas costumam ter necessidades parecidas. Ou seja, é provável que, nos três pedidos, haja pelo menos um produto que todos pretendem comprar. Por exemplo, o arroz. Então, ao saber que você vai precisar de arroz para os três clientes, você já busca o produto todo, o suficiente para atender aos três, indo uma única vez ao tonel onde o grão fica guardado.*

Ou seja, dona Edília fazia nada menos que trabalhar com a noção matemática de intersecção e escala. Os ensinamentos ajudaram muito o filho. E seriam aplicados em um futuro ainda distante, quando ele se tornasse diretor em uma escola de Engenharia em sua cidade. A "regra do tonel" seria empregada para dar conta das filas de alunos que precisaria atender. Muito simples: se todos teriam necessidades parecidas, facilitaria muito que entrassem de cinco em cinco no recinto da direção. Essa multiplicidade de atendimento foi um aprendizado valioso que a mãe lhe deixou, mais uma vez a importante noção de escala.

Muita dedicação aos estudos, respeito aos pais, uma ou outra ajuda no balcão do armazém quando isso não afetasse os assuntos de escola – eles foram os principais ingredientes da primeira fase da vida de Antonio Carbonari Netto. Mas, claro, também havia tempo para descobrir novas paixões e desfrutar bons momentos de lazer. Uma delas foi devotada aos cavalos. Quando estava com 12 anos, seu pai trocou um caminhão de milho por três cavalos, que seriam utilizados no armazém. Não demorou nada para se apaixonar pela equitação e, nos finais de semana, passava horas cavalgando.

O envolvimento foi tamanho que o garoto pensou em ser boiadeiro, mas o pai o desmotivou, avisando que a profissão não dava dinheiro. Ora, então ele resolveu ser pecuarista. O negócio era ser *cowboy*, pensava, em sua ilusão de moleque. Mas é claro que, depois, no curso científico, descobriria seus verdadeiros talentos.

A paixão pelo futebol nasceu na Copa do Mundo de 1958, quando o Brasil conquistou pela primeira vez a taça de campeão, nos campos da Suécia. Aos sete anos, Carbonari Netto não perdia uma única transmissão dos jogos pelo rádio e torcia pela seleção brasileira ao lado do pai. Ele adorava jogar bola, mas, por ser canhoto, sempre ficava na ponta-esquerda. E por suas origens, não poderia ter escolhido outro time que não o então Palestra Itália, seu time do coração. Afinal, o Palmeiras ainda é o mais italiano dos times brasileiros.

A televisão também marcou os primeiros anos de sua vida. Como viviam com conforto, a família foi uma das primeiras a ter televisão, em 1950, quando se deu a primeira transmissão nacional pela extinta TV Tupi. Mas, para que o sinal chegasse à Itatiba, cinco famílias se uniram e criaram uma estação retransmissora. Embora mais tarde o equipamento tenha sido doado ao poder público, foi graças ao esforço conjunto que os moradores da cidade puderam ter acesso à programação. Não fosse isso, Carbonari Netto não teria em sua lembrança a impressionante imagem de Neil Armstrong e Edwin Aldrin, tripulantes da missão Apollo 11, caminhando sobre a superfície lunar, em 20 de julho de 1969.

Como todo garoto de cidade pequena, o cinema era uma das principais diversões. E facilitava ainda mais o fato de o Cine Avenida ficar na esquina, na quadra em frente de sua casa. Praticamente todas as noites ele ia até lá, e às vezes conseguia entrar de graça nas sessões em que sobravam lugares. Naquelas telas, ele viu muitos filmes de faroeste americanos e mexicanos, as clássicas comédias brasileiras da dupla Oscarito e Grande Otelo ou os seriados dos heróis que deixavam maravilhada a molecada: Cavaleiro Negro, Fantasma, Flash Gordon, Zorro e Tarzan.

Seu dia a dia, ainda que ele não percebesse na época, também poderia valer um filme – e dos bons. Seu próprio pai era um personagem e tanto, talvez de uma comédia italiana. Em quase todos os finais de expediente, ele se sentava sobre um caixote de madeira na calçada e ficava lá... Conversava com seus velhos amigos, trocava impressões, ria das piadas, contava causos.

Seu pai gostava de política e não se eximia de discutir os rumos da cidade sempre que podia ou falava do assunto. Pode-se dizer que o comerciante era um "progressista" para sua época. Não estava ligado a qualquer movimento ou partido, mas rechaçava os representantes das elites locais, apoiando sempre os candidatos que lutavam pelas causas dos mais humildes. Talvez, por esse motivo, tornou-se carta marcada para um candidato a prefeito que era continuamente reeleito, no velho estilo dos "coronéis". Todas as ruas da cidade tinham calçamento de paralelepípedo, exceto uma: a do armazém do velho Carbonari, que era de terra batida. E assim permaneceu durante quase duas décadas, até que o poder municipal fosse transferido para as mãos de um político mais liberal.

A verdade é que seu José era extremamente popular. Gostava de muita gente e era querido pelas pessoas. Nem por isso era menos firme com os filhos. Certo dia, o caçula e seus amigos cismaram de jogar um balde d'água por trás dos amigos dele, só pela diversão de "molhar os velhos que ficam de papo na calçada". E para quê?! O pai lhe deu um tapa na orelha com tanta força que o garoto nunca mais fez semelhante graça.

Os dias de despreocupação, brincadeiras e diversão começaram a ficar para trás nos anos de 1960, quando Carbonari Netto começou a cursar o Ensino Fundamental – o antigo Ginásio – no Colégio Estadual Manuel Euclides de Brito, em Itatiba. E foi quando surgiu o primeiro grande desafio: aprender a dançar. Com a festa de formatura se aproximando, ele e os amigos foram compulsoriamente arrastados pelas garotas da escola para os ensaios, que aconteciam no barracão localizado nos fundos do quintal da casa de um dos colegas. As moças estavam preocupadas em ensinar pelo menos os passos básicos. E com razão. O que seria do baile de formatura com aquele monte de rapazes pernas de pau? Foram quase seis meses harmonizando os passos ao som de Billy Vaughn e Ray Conniff, caso contrário ele não conseguiria dançar na festa de formatura...

Concluído o Ginásio, ele se sentia, cada vez mais, pressionado pela família a ter um bom desempenho escolar e conquistar um diploma de ensino superior. O pai, em particular, costumava alertá-lo em tom sério: "Você precisa ter um diploma, porque, se um dia cair na vida, chegará, no máximo, até o nível que o seu diploma permitir. Para baixo disso você não cai". Mais uma lição de vida passada pelo simples comerciante italiano para o futuro transformador do ensino universitário nacional...

Carbonari Netto, claro, não decepcionou os pais. Dedicou-se ferrenhamente aos estudos, chegando até mesmo a morar com os avós maternos para poder estudar na Capital paulista, no tradicional Colégio Bandeirantes. Mas acabou voltando para Jundiaí, onde concluiu o curso. Outra mudança de cidade ocorreu quando decidiu que iria cursar o antigo Científico, em 1966. Naquela época, o atual Ensino Médio era dividido em quatro modalidades: Científico, Normal, Técnico em Contabilidade e Clássico. Eram as opções disponíveis, de acordo com as inclinações profissionais dos adolescentes. Ele encarou a mudança para o vizinho município de Amparo, uma vez que não havia vagas disponíveis em Itatiba, nem em Jundiaí. Enquanto Campinas, onde era possível matricular-se, ficava muito distante.

A nova rotina era corrida. Ele morava de segunda a sexta-feira em um hotel localizado perto do colégio. Nos finais de semana tinha de ir a Itatiba, não somente para visitar a família, mas também para pegar roupas limpas.

Nesse cotidiano agitado do estudante do Científico ainda sobrava tempo para a diversão. A experiência forçada de aprender a dançar fez com que ele passasse a gostar de frequentar bailes. Nos finais de semana, os amigos pegavam carona no carro de um amigo mais velho e saiam para dançar. Era de se esperar que não houvesse espaço para investir em um relacionamento amoroso. No entanto, aconteceu... Maria Elisa!

Carbonari Netto a conheceu em Amparo. A bela jovem estudante do curso Clássico estava descendo por uma das escadas do colégio quando o viu pela primeira vez. Talvez o impacto tenha sido o mesmo que teve seu pai quando se deparou com a jovem viúva no terraço da casa vizinha, ou muito mais profundo. Algo capaz de unir um casal de jovens pelos laços do casamento em um breve espaço de tempo. Foi como se a um piscar de olhos do jovem estudante, a mocinha fosse capturada em uma aura que a fez tropeçar e quase cair pelos degraus.

E, assim, começaram a namorar.

As idas dele para a casa dos pais, em Itatiba, nos finais de semana, geravam alguns conflitos entre os dois. Como toda namorada, ela queria aproveitar a folga nos estudos para ir ao cinema, passear, namorar...

Mas onde há amor de verdade, há companheirismo. A certeza de que desejavam ficar juntos era tão grande que, aos 20 anos, Carbonari levou Maria Elisa ao altar. Ele, já um professor de cursos pré-vestibulares em Campinas, tinha carro próprio e também apartamento. Estava, pois, em seus planos, assumir o compromisso. Claro que o casamento precoce afastou o jovem das noitadas que seus colegas simplesmente amavam. Mas isso nunca o chateou. Havia certeza. Havia amor.

Ele estava apenas começando a faculdade, embora já fosse professor de cursinho pré-vestibular, mas nunca lhe faltou coragem para enfrentar desafios.

Capítulo 2

Aprender a ensinar

Capítulo 2
Aprender a ensinar

A mãe sonhava para o filho a nobre e segura carreira da medicina. Na expectativa de um futuro próspero, o pai queria que ele fosse um engenheiro. Ambos não entendiam porque o jovem escolhera o magistério, afinal duas de suas irmãs já levavam modestas vidas como professoras. Para Antonio Carbonari, a escolha era uma decisão tomada com a plena certeza da base na qual seus caminhos futuros se desenhariam. A Matemática, porém, não foi sua única opção quando prestou vestibular, em 1969, ainda que estivesse encantado pelos escritos de Ronald Brown, atual professor emérito da Escola de Ciências da Computação da Bangor University, no Reino Unido. Havia, antes de tudo, a paixão pela Física, inspiradas pelas obras do húngaro Edward Teller, conhecido internacionalmente como o pai da bomba de hidrogênio.

Faltavam apenas três meses para o vestibular e ele decidiu se hospedar na casa do avô, em São Paulo, para fazer o cursinho da Escola Politécnica da Universidade de São Paulo, ou simplesmente Poli-USP, tradicional escola de Engenharia. O preparo adicional garantiu vaga no curso de Matemática da Pontifícia Universidade Católica (PUC), em Campinas. O que fazer? Ao perceber que havia poucos professores de Matemática no mercado de trabalho, fez sua escolha: a PUC-Campinas.

A decisão, baseada em um possível futuro como profissional da Educação, não surgiu do nada. Estava solidamente fundamentada na experiência que começou a ter ainda no colégio, quando passou a dar aulas para todas as turmas, do ensino básico ao médio – ou, como se dizia naquela época, do primário ao colegial. Mais tarde, no terceiro ano do Científico, com apenas 18 anos, ele prestou concurso para professor em dois cursos pré-vestibulares criados em sua cidade.

Passou em primeiro lugar em ambos, tanto em didática quanto nos conhecimentos, mas foi seduzido pela oferta tentadora do Mac-Poli, de Campinas, que, além de estar focado na área de exatas, ofereceu pagamento integral três meses antes do início das aulas. Esse tempo deveria ser empregado na elaboração das apostilas, prática comum no setor. Seu talento para a redação de conteúdos educacionais já estava em evidência desde essa época. Era, como ele mesmo diz, "um escritor fluente em Matemática".

Nos primeiros meses de 1970, Carbonari começou a cursar a faculdade no período da manhã. À tarde e à noite dava aulas no cursinho. E assim seguiram-se quatro anos na empolgante tarefa de ensinar os jovens que sonhavam com o diploma de nível superior, uma ambição ainda bem distante da realidade para muitos brasileiros naquela mesma faixa etária, nos bicudos tempos daquela década.

Os cursinhos pré-vestibulares têm suas origens na própria criação dos exames de admissão para o ensino superior, em 1910, e são intitulados Exames Vestibulares, pela reforma Carlos Maximiliano (deputado federal do Partido Republicano do Rio Grande do Sul), implantada cinco anos mais tarde. Na década seguinte, o número de candidatos começou a ultrapassar a quantidade de vagas disponíveis nas instituições de ensino. Foi quando outra reforma, essa do jurista mineiro e membro da Academia Brasileira de Letras (ABL), João Luiz Alves, conhecida como Lei Rocha Vaz, de 1925, deu margem à criação dos cursinhos, conforme determina o primeiro parágrafo do artigo 54: "Para os candidatos à matrícula da Escola Politécnica haverá um curso de revisão e ampliação de Matemática, de acordo com as exigências do exame vestibular na referida Escola". A partir dessa semente, lançada para filtrar os muitos candidatos a uma vaga na concorrida faculdade de Engenharia, surgiram, logo depois, cursinhos preparatórios para os vestibulares de Medicina, Direito e Filosofia, todos também da USP.

O grande avanço dos cursinhos começou na década de 1960, quando os vestibulares do Estado de São Paulo, que eram realizados individualmente pelas faculdades, foram estruturados em três grandes áreas: as escolas médicas e biológicas, ou Centro de Seleção de Candidatos das Escolas Médicas (Cescem), as instituições da área de humanas (Cescea) e a seleção para exatas, com foco nas principais escolas de Engenharia, como a Mauá, Poli-USP e Faculdade de Engenharia Industrial (FEI) – daí a sigla Mapofei. A Fundação Carlos Chagas foi a responsável por realizar o primeiro vestibular no novo sistema, em 1965, com questões objetivas e uma técnica classificatória que preenchia todas as vagas até o limite existente.

Foi na década de 1970, entretanto, que os cursinhos se estruturaram como grandes redes empresariais de pré-vestibulares, entre eles o Objetivo, o Anglo e o Mac-Poli, que, como a própria sigla identificava, era especializado em atender os candidatos às duas mais disputadas escolas de Engenharia da época: Universidade Presbiteriana Mackenzie (UPM) e Poli-USP.

O vestibular como mecanismo para selecionar quem poderá ou não cursar o ensino superior tem raízes históricas. Decorridos mais de 160 anos da chegada da Família Real portuguesa, em 1808, época em que o Brasil começou a se transformar em nação, pouco havia sido feito no sentido de tornar a universidade acessível pela massa dos brasileiros. Embora as iniciativas para mudar a situação tenham começado naquele período, somente em 1931, com o Decreto nº 19.851, a questão avançou um pouco, com o estabelecimento do Estatuto das Universidades Brasileiras. Assim, surgiram, naquele ano, a Universidade do Rio de Janeiro, a Universidade de São Paulo, em 1934, e a Universidade do Brasil, em 1937. Um ano depois foi criada a União Nacional dos Estudantes (UNE), em 1938. Mais tarde, foram instaladas a Pontifícia Universidade Católica (PUC) do Rio de Janeiro, em 1941, e a PUC de São Paulo (1946). Na década de 1950, a rede foi ampliada com a federalização das instituições estaduais e privadas.

A partir de então, com o desenvolvimento da sociedade brasileira, cresceu a demanda por vagas no ensino superior. E, com isso, a figura dos excedentes, os jovens que obtinham a nota mínima de aprovação nos exames vestibulares, mas não podiam ingressar por falta de vagas. Não foram raros os casos de estudantes que, considerando que haviam adquirido o direito de cursar a universidade, montavam acampamentos à frente dos prédios das instituições para exigir a abertura de vagas para a efetivação de suas matrículas.

Essa pressão social, vinda em especial dos filhos da classe média, fez nascer no início dos anos de 1960 crescente mobilização, com a liderança da UNE, pela reforma universitária, sob a égide da ideologia nacionalista-desenvolvimentista, no âmbito das chamadas "reformas de base". Com isso, a questão assumiu dimensão de ordem social e política bem mais ampla, sendo um dos componentes da crise que desembocou na queda do governo João Goulart (Jango), com a consequente instalação do regime militar, após o Golpe de 1964.

Mesmo sob a ditadura, o movimento pela reforma ganhou as ruas impulsionado pela bandeira "mais verbas e mais vagas" e culminou com a ocupação pelos estudantes, em 1968, das principais universidades do País. Fazia-se urgente o ajuste do sistema de ensino, o que ocorreu por meio da Lei nº 5.540, aprovada em 28 de novembro de 1968, que reformulou a educação superior. A situação melhorou, sem dúvida, mas ainda assim muito precisaria ser feito para acomodar milhares de jovens pelo Brasil, na plenitude do então denominado "milagre econômico", excepcional período de crescimento, que se estendeu até 1973, e fez surgir, em seu cerne, a premência por formação profissional.

Carbonari encontrou nas salas abarrotadas do curso pré-vestibular o verdadeiro palco para suas aulas-show, o que, aliás, era e continua a ser praxe nesse tipo de programa educacional. Simpático, piadista, falante, articulado e também capaz, ele não teve bloqueios para cativar e encantar os alunos. Criou técnicas para prender a atenção e, em algumas vezes, literalmente chegava a virar cambalhotas no tablado instalado abaixo da lousa. Quando isso não funcionava, uma tática usual era entrar triunfalmente pela porta, arrancar os óculos do rosto, atirar no chão, abrir a camisa e despentear os cabelos – versão caricaturada da conhecida foto de Albert Einstein. O impacto era tal, que todos os estudantes paravam a conversa e miravam o professor imediatamente.

– *Pronto, agora que consegui a atenção de vocês, posso começar a aula*, dizia calmamente o professor Carbonari.

De certa forma, o casamento com Maria Elisa o ajudou a descobrir suas aptidões como mestre. Seu sogro, Geraldo Ehrhardt, era professor no curso Primário. Ele convidou Carbonari para lecionar na mesma escola. Sem muita convicção, o rapaz acabou aceitando o desafio de ensinar Ciências para uma turma de terceiro ano do grupo escolar. E esse passo, dado muito mais para agradar ao sogro do que por qualquer outro motivo, foi um dos mais importantes de sua carreira, pois lhe permitiu perceber, de modo ainda mais claro, seu dom, seu maior talento. Foi apenas um mês, mas a nova experiência agradou e ele decidiu não parar por aí. Um amigo, diretor de uma escola em Itatiba, fez o movimento seguinte:

– *Eu tenho algumas aulas de Física e de Matemática para as turmas do Colégio e do Ginásio. Uma noite aqui e uma lá. Você quer?*

– *Quero!* – respondeu rapidamente o rapaz.

Ao longo de três anos, ele se sobrecarregou de tarefas, dando aulas para quinta, sexta, sétima e oitava séries e, também, para alunos dos três anos do curso Colegial. Adquiriu experiência como professor em todos os níveis de ensino. Também com as crianças ele se valia do estilo consagrado nas salas do cursinho: alegria no ensinar e aprender. Para chamar a atenção dos meninos do Ginásio, ele atirava o apagador com toda a força no chão. Se fosse o caso, arremessava um giz diretamente na orelha do "desligado" ou do "tagarela" da vez. Era necessário manter a atenção desperta durante todo o tempo de duração da aula. Um dos truques mais utilizados era começar a escrever na lousa, seguir pela parede e terminar na porta da sala. Os risos não apenas determinavam quem estava atento, como serviam para acordar os poucos que haviam viajado para o mundo da lua.

Os recursos de motivação não se resumiam à diversão. Carbonari queria ver os meninos aprenderem de verdade. Praticamente pegava na mão daqueles que tinham mais dificuldade, ensinava, insistia. Os resultados eram sempre muito positivos. Em um período em que não havia ainda o sistema de Progressão Continuada – instituído em 1996 –, ele reprovava muito poucos alunos. Ficavam na peneira apenas aqueles sem a menor condição, mesmo depois de muito empenho por parte do dedicado professor.

Jamais foi um fardo. Não para quem, como ele, trazia nas veias o sangue do magistério. Fosse uma sala de 30 alunos no Ginásio ou outra de 300 irrequietos jovens do cursinho. Ele preferia, aliás, as salas maiores. Com seu conhecido vozeirão, nunca teve qualquer dificuldade para se fazer ouvir e entender.

Mais que isso, Carbonari passou longe do ingrato título de "professor mais chato" da escola. Com altíssimo índice de respeito e admiração por parte dos alunos, praticamente unanimidade em qualquer das instituições nas quais lecionou, ele foi convidado como paraninfo em formaturas por mais de 20 anos seguidos. Não que fosse do tipo bonzinho, aquele que deixa passar tudo. Era, ao contrário, extremamente criterioso. E não são justamente os professores "cobradores", porém eficientes, que ficam na memória de todos nós para sempre?

Os amigos, sem entender tamanha dedicação, insistiam para que ele abandonasse o curso de Matemática, por defenderem a Engenharia como a profissão do futuro. Consciente de maneira plena sobre o destino para o qual suas escolhas iriam conduzi-lo, Carbonari respondia com um olhar maroto e apenas dizia:

– *Vá você que gosta de Física. Eu gosto daqui. Está muito bom.*

E não havia motivo para queixas. Nem mesmo financeiramente. O cursinho pagava muito melhor do que várias universidades, nas quais estavam professores já formados e, alguns, até pós-graduados. E ele era ainda apenas um estudante da graduação. Quando completou dois anos de magistério e de casamento com Maria Elisa, o jovem professor já possuía um sítio e um Chevrolet Opala, zero quilômetro – um dos carros mais cobiçados, e mais caros, daquele início dos anos de 1970. Bens que a maioria dos professores demorava pelo menos uma década para conquistar. Nesse curto espaço de tempo, também seu pai deu-se conta que Antonio era um tipo especial de professor. E que, afinal, o magistério poderia ser tão bom quanto as carreiras de médico ou engenheiro que, com a esposa, almejara para o filho.

Foram quatro anos de dedicação aos cursinhos. Para o jovem professor, ele não estava fazendo nada além de ser um docente profissional, o que entendia como sua missão desde sempre. Carbonari se tornou, logo cedo, um daqueles privilegiados que conseguem aliar sucesso profissional à paixão pela carreira escolhida. Na verdade, apenas o clássico caso do "quando gostamos daquilo que fazemos, conseguimos conquistar o valor agregado merecido". E, vale dizer, ele era um dos poucos professores que aceitavam sacrificar os sábados – e às vezes também os domingos – para dedicar esse tempo aos plantões e aulas de revisão, tão comuns nos cursos pré-vestibulares. Muitos anos mais tarde, ele deixaria definitivamente de trabalhar não apenas nos finais de semana, mas também às sextas-feiras. Isso lhe valeu um comentário zombeteiro de seu pai:

– *Deus criou o mundo em seis dias e descansou no sétimo. Você, dos sete, descansa três, é vantagem...*

A experiência como professor de cursinho seria fundamental para Carbonari construir suas primeiras certezas não só como educador, mas também como o revolucionário gestor de ensino que se tornaria no futuro.

No entanto, quando contratado pelo Mac-Poli viu-se diante de um pedido inusitado, que não tinha relação com saber lecionar: deixar a barba crescer para aparentar mais idade, além dos poucos 20 anos, recentemente completados. E assim o fez, e para nunca mais mudar de visual – ou quase isso: uma única vez, duas décadas mais tarde, atendendo ao pedido de aniversário de um de seus filhos, ele raspou a barba. Mas estava tão desacostumado ao rosto liso, que preferiu se esconder no sítio até voltar à aparência "normal".

Ele sabia que a premissa para dar aulas em cursinho era carregar intensamente na motivação. Ou, de modo mais claro, as brincadeiras criativas para manter os jovens continuamente atentos. Isso não era um problema para ele, que sempre foi um inovador. Por outro lado, o jeito de ensinar veio do que Carbonari define como contraexemplo. Ao contrário de alguns professores que teve ao longo de sua vida, ele seguiu em direção imediatamente oposta ao da aula teórica, maçante por definição e excelência. Algo que ele explica como "Matemática francesa, boa para dar aula na Bélgica". Seu método era bem outro: explicar um conceito e aplicá-lo imediatamente. Se ensinasse frações, por exemplo, traduzia isso para a vida real: quanto é um terço de uma barra de chocolate?

Sua principal preocupação era tornar as aulas atrativas e mostrar a praticidade daqueles conceitos que, de outro modo – o aborrecido –, ficariam vazios e, não raro, se tornariam verdadeiros e eternos traumas na cabeça dos alunos.

Carbonari defende que, hoje, quando se fala em ensinar conteúdos, na verdade o professor está transmitindo saberes.

*– Quando se ensina alguém a **fazer**, você está ensinando **competência**. **Saber** é **conteúdo**. **Saber fazer é competência**. Então o ensino de hoje é baseado em competência e não mais em conteúdo.*

Mas há um terceiro aspecto: a **habilidade**, que é *saber fazer bem*. Muito cedo em sua vida, ele compreendeu esta dinâmica: um bom professor deve transmitir o **conteúdo**, a **competência** e a **habilidade**.

No entanto, ele acredita que 70% dos alunos captam apenas o conteúdo. A competência é alcançada por 10% ou 20% deles. Enquanto a habilidade atinge 5% ou 8% dos estudantes.

Foi justamente seu desempenho como professor de cursinho que o fez entender essa equação: esse profissional deve dominar as três variáveis psicológicas do aprendizado. É algo natural, assim como ter bom humor, chova ou faça sol, para ser um professor motivador. E, para isso, um dos segredos era jamais levar qualquer problema pessoal para a sala de aula.

Todos os professores deveriam ter a mesma motivação daquela juventude para a qual lecionavam. Seriam quase gênios em termos de didática, por dominarem as técnicas para conduzir grandes e alvoraçadas turmas. Precisavam possuir vasto conhecimento, amplas competências e extrema habilidade. Aqueles que não possuíssem tais qualidades estavam fora do circuito, uma vez que, bimestralmente, eram avaliados em termos de aceitação e de aprendizado. Muitos profissionais que hoje se destacam em diferentes áreas tiveram em suas vidas essa experiência, entre eles o jornalista e escritor Heródoto Barbeiro e o vereador, ex-presidente da Câmara Municipal, deputado estadual e ex-presidente da Assembleia Legislativa de São Paulo, também deputado federal Paulo Kobayashi (PSDB-SP).

Diante de salas de aula com algo entre 150 e 200 alunos, Carbonari determinou outra concepção: o número de estudantes em uma mesma classe, em menor ou maior quantidade, não é, de modo algum, fator determinante de resultados. Não existe nada que comprove algo do gênero. Em linhas simples: classes grandes ou pequenas não têm relação com aprendizado benfeito.

Forjou, em paralelo, sua capacidade de ser um professor bem-humorado, provocador, que buscava transmitir o conteúdo, despertando as competências. Mesmo diante dos irrequietos alunos, em fase final da adolescência, ele não encontrou dificuldades. Se necessário fosse, em nome do entrosamento, descia para a cantina com os alunos, que, afinal, regulavam em idade com ele. E por que não arriscar uma ida ao bar para uma cerveja, em uma sexta-feira depois da última aula? Claro que sim!

Carbonari também identificou nessa época os primeiros métodos de aferição de conhecimento. Uma vez que o cursinho promovia simulados e contava com uma equipe de psicólogos, era possível verificar gradativamente o que era desenvolvido pelos alunos.

Esse jovem tinha uma meta muito clara: passar no vestibular de determinada faculdade. Se existe uma meta é possível ponderar. Normalmente, os 30 melhores alunos de cursinho no segundo semestre mudavam de sala. Formavam-se, então, as turmas A, B e assim por diante. O conhecimento ia aos poucos sendo depurado e, então, para aqueles que apresentavam melhor desempenho, tornava-se possível aprofundar as matérias. Se isso era ruim no ensino formal, não se aplicava ao caso dos cursinhos, onde a competição, a peneira, era um caminho natural.

Quando começou a faculdade, Carbonari sabia que era um privilegiado, mesmo que fosse um "mero filho de comerciante do interior". Até o Colégio, os jovens das classes baixa e média estudavam em escolas públicas, onde e se houvesse uma. E mesmo durante o período de estudante, ele já havia observado que as escolas de fora da capital do Estado tinham algum tipo de deficiência de conteúdo e de estrutura. Pior no nível superior ainda naquele começo da educação profissional brasileira. As faculdades, nas décadas de 1960 e 1970, eram muito mais reservadas à elite. Até então só havia a "aristocracia educacional". Quem estudava nas grandes instituições públicas eram os filhos de fazendeiros e dos primeiros industriais. Não era, definitivamente, lugar para o filho do dono de armazém...

A vida seguia entre as aulas, as que recebia e as que dava, e os esportes, prática que adotara ainda bem jovem. Quando morou em São Paulo, comprou um título do Clube Espéria, onde passou a treinar basquete. Ele não foi exatamente um Oscar Schmidt, o grande ídolo da bola ao cesto nacional. E o esporte foi abandonado depois que seu time tomou uma surra da equipe do São Paulo Futebol Clube: 80 a 10 marcou o vergonhoso placar. Agora, na universidade, ao lado de um colega que era goleiro da Associação Atlética Ponte Preta, a "macaca" de Campinas, ele decidiu voltar aos esportes em grupo, desta vez o futebol. Mais hábil na modalidade, ele integrou a seleção que disputava partidas entre a PUC e outras faculdades e colégios.

Sobrava algum tempo para outras atividades?

Sim, claro. A maior parte dos jovens ou estudantes nas décadas de 1960 e 1970 não pôde ficar alheia à efervescência política de um Brasil ávido por liberdade. Vivia-se, afinal, sob duro regime militar que imporia à sociedade uma ditadura por 21 anos (1964-1985). Acostumado a se destacar entre os colegas – até mesmo no catecismo, quando ganhou a primeira das medalhas de ouro que receberia nos quatro anos do antigo curso primário –, Carbonari seguiu sua natureza de liderança também na faculdade. Embora no campo das exatas não houvesse tão intensas manifestações ideológicas como no das humanas, ele era ativo na participação política em diretórios acadêmicos. No primeiro ano da graduação da PUC de Campinas, presidiu o Centro Acadêmico de Matemática. No segundo, comandou o Diretório Acadêmico de Ciências Exatas. No terceiro e quarto anos, ocupou o cargo de diretor do Diretório Central dos Estudantes. Não era a primeira vez. Quando estava no colégio, principalmente em Amparo, presidiu o Centro de Estudos Doutor Armando Foá para ter a oportunidade de promover as olimpíadas e incentivar os esportes.

Naquele período, todos aqueles que faziam política estudantil corriam o risco de, no mínimo, perderem o direito de cursar uma universidade durante três anos. Na pior das hipóteses, enfrentariam a tortura e a prisão. Isso porque o Decreto-lei nº 477, em vigor naquele momento, proibia a prática da participação política estudantil. Baixado em fevereiro de 1969 e conhecido como "AI-5 das universidades" – em referência aos temidos Atos Institucionais impostos pelos militares e que cerceavam a liberdade –, o Decreto-lei previa a punição de professores, alunos e funcionários de universidades considerados culpados de subversão ao regime. Aos mestres, a consequência imediata seria a perda do direito de lecionar durante cinco anos. O coronel Jarbas Passarinho, então ministro da Educação e Cultura no governo do General Emílio Garrastazu Médici, considerava o decreto rígido demais. Não apenas por esse motivo, mas também por ele, Passarinho se tornaria uma das figuras mais admiradas pelo futuro gestor educacional.

Mesmo com as restrições, os jovens levavam alguns candidatos para fazer palestras no diretório. Certa noite, uma patrulha da polícia do Exército parou na porta da casa dos Carbonari. Levado para averiguações, o estudante acabou fazendo amizades no quartel de Campinas, mas algumas figuras, velhos conhecidos da militância, incluindo o presidente do diretório de Direito, já estavam por lá. Surpreso, ele se deu conta de que, entre os militares, havia gente muito mais compreensiva do que se poderia esperar.

Por volta de duas da madrugada, um certo general, que comandava as operações por ali, mandou que servissem café e água aos estudantes detidos e explicou que recebera ordens para prendê-los, ainda que discordasse da diretriz. Porém, para manter o "protocolo", manteve-os sob fiança por algumas poucas horas.

– *Vocês são gente boa, não deveriam estar presos, mas se perguntarem, digam que vocês sofreram bastante* –, disse o general, que o liberou quando o dia estava amanhecendo.

Foi engraçado. Mas, poderia não ter sido... Depois de alguns meses, eles descobriram que um colega de outro diretório entregara seus nomes aos militares.

E o que significou aquela militância, afinal?

Para Carbonari, que, hoje, tem trânsito junto a personalidades do poder em todos os níveis e utiliza o respeito que conquistou para lutar por melhorias e transformações no campo da educação, foi a oportunidade de começar a fazer política. Algo que seria uma de suas principais marcas como educador.

O episódio vivido e o envolvimento na política não o impediram de graduar-se com mérito. Assim que pegou o diploma, entendeu que deveria abandonar as aulas no cursinho. Percebeu que aquele ambiente era mais adequado aos jovens professores em início de carreira. Formado em 11 de dezembro de 1973, aos 22 anos, ele já se sentia um veterano. E sua experiência lhe valeu um emprego, que assumiu quase que no mesmo tempo da entrega do seu "canudo" pela PUC. No dia 12, ele foi contratado pela Faculdade de Engenharia Industrial e Civil, de Itatiba (São Paulo), como professor universitário. A primeira providência foi correr atrás da pós-graduação, que se faria necessária pouco tempo depois.

Talento na sala de aula: do curso pré-vestibular à universidade

Como professor da graduação em Engenharia, Carbonari assumiu as disciplinas de Cálculo e Álgebra.

Preparado pelos quatro anos em que lecionou em cursinho, ele aplicou alguns dos métodos de aproximação com os jovens que aprendeu na prática. Estes tinham ligação com os esportes, de que tanto gostava. No início do semestre, logo em sua primeira aula, lançava o desafio aos alunos: montar uma equipe de futebol que, em apenas dois meses, deveria estar apta a derrotar o time dos professores. Em que isso tinha relação com o ensino? Tudo. O desafio era uma tradição, que imprimia nos alunos senso de trabalho em equipe, noção de responsabilidade e necessidade de organização, além de criar, entre os estudantes e os professores um elo de amizade muito forte.

O desempenho de Carbonari foi reconhecido e elogiado. Logo no segundo ano como professor, viu-se diante de nova missão: assumir a chefia de um departamento. Além do mérito, havia um motivo legal para isso. Em 1974, as universidades e faculdades brasileiras foram reestruturadas pelo modelo de departamentos.

Distanciando-se da centralização administrativa do modelo francês, com sua rígida hierarquia administrativa confiada a um corpo docente organizado, a universidade brasileira começou a se modernizar também a partir da reforma universitária trazida pela Lei nº 5.540/68. A partir do conceito de que a educação superior é vetor de crescimento econômico e de integração nacional, o consultor e teórico norte-americano Rudolph Atcon foi contratado pelo governo federal para dar as diretrizes nesse sentido. Ele recomendou a implantação de uma nova estrutura administrativa com base no modelo empresarial, cujas principais finalidades deveriam ser rendimento e eficiência. Assim, o departamento de ensino passou a ser a menor fração da estrutura administrativa das universidades, congregando professores e pesquisadores para um elenco de disciplinas afins.

Eleito chefe do Departamento de Matemática, Carbonari começou a trabalhar na reestruturação da faculdade, ao lado de dois colegas da PUC de Campinas. Precisou aprender sozinho atividades que nunca havia realizado antes: planejar, organizar, redigir atas, melhorar a biblioteca. No semestre seguinte, tornou-se coordenador do curso de Matemática e começou a imprimir seu estilo, os primeiros indícios da gigantesca inovação que faria no ensino superior poucos anos depois. A cada início de semestre, o curso de três anos de duração tinha suas 80 vagas sempre ocupadas – e a média do vestibular era de três candidatos por vaga. Além de criar um currículo inovador, Carbonari agregou professores que seguiam a mesma cartilha didática, contratando muitos dos seus ex-colegas do cursinho. Em momento algum se intimidou com um possível "torcer de nariz" dos demais mestres da instituição, que vinham de universidades consideradas de excelência no ensino da Engenharia, como a Poli-USP e o Instituto Tecnológico de Aeronáutica, o célebre ITA.

A verdade é que não houve grandes protestos. Alguns deles se tornaram seus amigos, e muitos eram professores havia décadas. Quando Carbonari apresentou as propostas de mudança nos currículos, ouviu dos colegas:

– *Pode mudar, mas faça você, porque eu estou muito velho para isso.*

Sem demora, ele se entregou com entusiasmo à tarefa. Mexia radicalmente nos antigos modelos. Um caso célebre foi a da Geometria Descritiva, disciplina que estava sob responsabilidade de dois militares de alta patente da Escola de Cadetes de Campinas. Eram nada menos que quatro semestres: Geometria Descritiva I, II, III e IV. Certo dia, ele anunciou em uma reunião:

– *Isso não serve mais para nada. O último sujeito que usou Geometria Descritiva para fazer projeções foi Napoleão. Vou tirar essa porcaria daqui!*

Foi uma gritaria, mas não teve jeito. Ele cortou a disciplina de quatro semestres para apenas um. E não parou por aí. Sob a chuva de protestos dos militares ele avançou mais um pouco:

– *Vocês vão me desculpar, mas no ano que vem isso aqui vai virar Desenho Geométrico, que é muito mais útil.*

A lógica de Carbonari não era fruto apenas do bom matemático que ele era, mas, acima de tudo, da experiência que adquirira. Afinal, quando ainda lecionava para a sexta série do antigo Ginásio, já ensinava logaritmos. Descobriu um método simples de apresentar um conceito que é considerado difícil pela maioria de jovens: tratar os logaritmos como o que realmente são, expoentes. Os estudantes entenderam muito mais facilmente. Ele pensava: "Ora, se eles aprendem logaritmos na sexta série, porque não antecipar um conteúdo que o currículo oficial determinava iniciar apenas no Colegial? Para que perder tempo?".

Ainda na graduação da PUC, apesar de seus grandes mestres, ele se revoltava com algumas disciplinas no curso de Matemática, que considerava horríveis, pouco práticas e que, no final, jamais serviram para coisa alguma. Mas seu inconformismo com o que define como "assuntos moribundos de qualquer área do ensino" não poderia ter lugar ali. Naquela época, o curso de Matemática deveria formar mestres e doutores, e não professores.

Foi na faculdade de Engenharia, como coordenador de curso, que sua revolta pôde se manifestar e fluir livremente. Assim, sua trajetória seguiu em frente. Logo se tornou vice-diretor da faculdade e, com apenas 25 anos, passou a ser o mais novo diretor de escola de Engenharia de que se tinha notícia neste País. Sempre teve diante de si a meta de "transformar", algo que fez em 100% das atividades das quais participou na vida. Quando chegou à faculdade, aos 23 anos, ainda como professor, encontrou caminhos para inovar, primeiro na didática. Depois fez o mesmo no departamento, na coordenação, no curso e no currículo. Ele lembra que a faculdade, recém-instalada, sequer tinha uma secretaria. Corria o risco de sofrer uma intervenção do Ministério da Educação, mas, com seu trabalho, apoiado pelos colegas, conseguiu evitar o problema.

Não foi complicado para alguém que sempre teve capacidade de decisão muito rápida. Não foi uma missão impossível para alguém que estava habituado a buscar conhecimento. Carbonari assinou três revistas internacionais sobre ensino, educação e Matemática, e também a publicação oficial do Conselho Nacional de Professores dos Estados Unidos. Lia o Diário Oficial da União todos os dias para saber sobre novas normas ou leis. Aprendeu muito sobre legislação educacional dessa maneira. Formou sua visão de gestor, de legislador (embora sem cargo parlamentar, mas contribuindo com sugestões pertinentes) e ampliou seus conhecimentos de educador. Nos artigos que lia aprendia cada vez mais sobre as técnicas de administração que precisava para suas novas tarefas cotidianas. Descobriu, e mais uma vez na prática, como fazer. E aprendeu fazendo. E, assim, subiu todos os degraus do ensino universitário em rápidos dez anos.

Tempos mais tarde, essa bagagem adquirida o gabaritou para dar aulas de Legislação Educacional em uma instituição. A classe era composta por juízes e promotores, que buscavam aperfeiçoar seus saberes para melhor decidir sobre as matérias dessa área. Foi quando recebeu o elogio de um dos mais destacados juristas brasileiros, Yves Gandra Martins, coordenador do tal curso. Impressionado, ele perguntou a Carbonari:

– *Onde você estudou Direito?*

– *Doutor, não me leve a mal, mas eu sou Matemático. Simplesmente aprendi Direito vivendo*, respondeu.

O profundo conhecimento, unido ao desejo de revolucionar o modo de ensinar já estava interiorizado pelo professor que, um dia, seria gestor e empreendedor de sucesso na área da Educação. E isso começaria em breve, ali na própria faculdade de Engenharia de Itatiba, que iria fundir-se ao Instituto de Ensino Superior da Região Bragantina, de propriedade de frades franciscanos no Rio de Janeiro, a Casa de Nossa Senhora da Paz – Ação Social Franciscana.

Um novo desafio para o irrequieto mestre estava apenas começando.

❖

Capítulo 3

Ensino: vocação e profissão de fé

Capítulo 3
Ensino: vocação e profissão de fé

Antonio Carbonari construiu uma trajetória rápida e meritória no ensino superior, mas, antes disso, precisou mostrar a cara e a coragem. Era o ano de 1974, e o mogiano Valmor Bolan tinha uma razoável experiência na área de educação, por isso ocupava agora o cargo de diretor da Faculdade de Filosofia, Ciências e Letras de Itatiba, mantida pelo Instituto de Ensino Superior da Região Bragantina. Bacharel em Filosofia e mestre em Sociologia, com uma temporada em Roma no currículo, raramente se surpreendia com os fatos cotidianos da vida acadêmica. Foi preciso aparecer um ousado jovem matemático para despertar a atenção do gestor. Como podia um recém-formado lhe pedir um emprego como professor em outra unidade administrada pelo mesmo Instituto?

– *Mas você já deu aula em faculdade?* – quis saber o diretor, com expressão de dúvida.

– *Não, mas confio no meu taco* – garantiu Antonio Carbonari.

O fato de aquele rapaz ser natural da região e a certeza de que estava diante de um vocacionado incentivaram Bolan a contratá-lo para trabalhar na, então, Faculdade de Engenharia Industrial e Civil de Itatiba. Decorridos poucos meses, o diretor concluiu que, aberta a porta da casa, o novato havia tomado conta do local. Afinal, além do "craque na sala de aula", primeira característica que identificou no recém-contratado, Carbonari apresentava uma série de qualidades relevantes para diferentes setores de uma instituição acadêmica, muitas delas adquiridas no ótimo relacionamento que sempre manteve com os colegas e a comunidade. Além de fazer sucesso entre os alunos, o jovem professor era um líder nato e, ao mesmo tempo, um verdadeiro *public relations*.

Assim foi o início de uma trajetória cujo ponto alto se deu com a criação da Universidade São Francisco. Esse processo teve início com a vinda dos frades franciscanos a Bragança Paulista, em 1976, oriundos do Rio de Janeiro. Atuando no campo educacional desde meados dos anos de 1940, a instituição Casa de Nossa Senhora da Paz – Ação Social Franciscana (CNSP-ASF) chegou ao interior paulista por indicação do Ministério da Educação (MEC), onde adquiriu o Instituto Superior de Educação da Região Bragantina.

Graças à visibilidade que conquistou logo no primeiro ano de trabalho nessa instituição, Carbonari rapidamente conquistou a confiança dos franciscanos. Ele recebeu carta branca para operar mais uma missão: unificar as instituições de ensino superior espalhadas por São Paulo, Bragança Paulista e Itatiba em faculdades integradas, tendo como nova mantenedora a CNSP-ASF.

Ao convidarem o jovem diretor para a tarefa, os frades franciscanos fizeram uma adaptação de seu próprio desafio, sua missão religiosa: "Vá e construa minha Igreja". Realistas, adeptos da simplicidade por doutrina e vocação, os frades simplesmente disseram:

– *Carbonari, calce as sandálias e faça.*

Ele assumiu a incumbência e, no processo, conseguiu integrar regimentos, currículos e sistema de notas, além de treinar os professores. Trabalhou tanto na área acadêmica quanto em assuntos administrativos e legais para traçar um projeto socioeducativo e didático-pedagógico, a partir da inspiração inicial de "educar para a paz" e de um plano de desenvolvimento educacional que vislumbrasse o futuro. A tarefa foi concluída em 1978 e, na sequência, o professor ganhou dos frades outra missão: conduzir a transformação das recém-integradas Faculdades Franciscanas em Universidade São Francisco (USF). A intensificação dos trabalhos para cumprir as normas do MEC, com ajustes dentro e fora da sala de aula, traduziu-se em idas e vindas diárias a Bragança Paulista, onde ficava a sede da instituição. Foram quase sete anos até a meta dos mantenedores se tornar realidade e, futuramente, referência para a região.

Todas as mudanças operadas por Carbonari, desde o começo, eram feitas pensando nos alunos, no tipo de educação que deveriam receber para garantir os postos de trabalho que desejavam conquistar. Assim que os frades chegaram a Itatiba, o professor os alertou que era preciso dar uma injeção de ânimo e inovação nos currículos. Com os pés no chão e inspirados pelas transformações que aconteciam fora das portas da instituição, começaram as mudanças pautadas pelas demandas do mercado de trabalho. O exame da OAB (Ordem dos Advogados do Brasil), que garante o registro necessário aos bacharéis em Direito para que exerçam a advocacia, era levado em conta na hora de elaborar a grade curricular e o conteúdo das disciplinas do curso. O mesmo critério, a habilitação profissional, era considerado para as engenharias, no caso, as exigências feitas pelo CREA (Conselho Regional de Engenharia e Agronomia).

Os novos mantenedores também impuseram um desafio: a criação de uma disciplina capaz de transmitir a visão franciscana, mas nos moldes aceitáveis por uma sociedade leiga. Surgiu, assim, o Programa de Estudos do Homem Contemporâneo, uma ideia inicialmente formatada pelo vice-reitor, Frei Fabio Panini. Implantar a novidade no currículo de todos os cursos não seria uma tarefa fácil. Como fazer com que estudantes de Engenharia, Medicina, Odontologia ou Sociologia aceitassem uma disciplina comum e aparentemente tão deslocada do restante do currículo? Passadas as suspeitas iniciais – para não dizer um verdadeiro clima de guerra –, os alunos perceberam que seria importante, fosse qual fosse sua futura profissão, entender um pouco mais sobre temas da atualidade, como aborto, homossexualidade, violência urbana, estratificação social e responsabilidades civis. Foi também a semente de criação do Instituto Franciscano de Antropologia (Ifan), que passou a ter uma publicação científica, com artigos de acadêmicos da ordem, a exemplo do respeitado teólogo e escritor Leonardo Boff.

O sinal de que estavam no caminho certo, isto é, oferecendo cursos que atendiam às expectativas dos universitários e de suas ambições de carreira, mas com conteúdo de alta qualidade, veio dos próprios estudantes: em oito anos, o número de alunos foi multiplicado por seis, passando de 2 mil para 18 mil.

A proposta, sem dúvida, era um tanto diferente do que existia na época. A palavra disparidade talvez defina muito bem uma situação, que, no final, redundou em sintonia de objetivos. Divergente, sim, e não apenas da perspectiva do mundo acadêmico, mas das origens dos dois grupos que compunham o corpo docente e diretivo da futura universidade. De um lado, os frades franciscanos; de outro, os professores oriundos de faculdades tradicionais e não religiosas. Apesar de crenças e hábitos diferirem, nunca houve qualquer atrito. Ainda que fosse aquela uma instituição de ensino superior privada, onde era praxe que a atividade acadêmica exigisse mais recursos para melhorar os padrões de remuneração, mais investimentos na expansão dos espaços físicos e melhorias dos meios didático-pedagógicos. Encabeçando todo um processo de profundas mudanças, que, em alguns momentos, poderiam desgastar um ou outro grupo, Carbonari equacionou as diferentes expectativas e os diversos pontos de vista. Soube respeitar as autonomias das áreas, compreender as necessidades recíprocas e chegar, com lealdade, ao entendimento necessário em vista do bem geral da universidade.

Colega de trabalho do jovem diretor durante dez anos, dom Caetano Ferrari, pró-reitor Administrativo – responsável pela gestão econômico-financeira e jurídico-patrimonial –, observava sua atuação e percebia que o profundo espírito agregador do matemático, o único leigo dentro de uma instituição regida exclusivamente por frades, contribuía para a pouca ou nenhuma ocorrência de conflitos. Estes eram acontecimentos, que raramente surgiam entre os integrantes do corpo docente e os ocupantes de cargos administrativos, ou seja, reinava a paz entre a direção acadêmica e os setores corporativos. A habilidade de congregar não era exclusiva do jovem diretor, mas sim compartilhada pelo reitor Frei Constâncio Nogara e pela equipe de pró-reitores e assessores da reitoria. Porém, Carbonari era o polo dinamizador desse universo. Ouvia todos com atenção, enxergava os distintos lados da questão e freava tendências unilaterais, sempre atento ao bem geral. Ganhou a confiança não só dos mantenedores e de sua cúpula diretiva, mas também dos professores e alunos da instituição.

– O Carbonari não fazia jogo duplo. Naturalmente, nesse embate saudável entre o econômico e o acadêmico, quem ganhava era toda a instituição, uma entidade comunitária e confessional que não objetiva a obtenção de lucros senão para serem reinvestidos em seu próprio benefício e crescimento – pondera dom Caetano, sobre o que considera uma atuação honesta, com justos resultados.

Outra situação dramática, que praticamente todas as universidade particulares viviam no final dos anos de 1970, dizia respeito às greves. No primeiro semestre, aconteceu a paralisação promovida pelo sindicato da categoria dos professores e funcionários, pleiteando aumento salarial. No segundo, foi a vez da greve dos alunos, promovida pelos diretórios estudantis, contra os aumentos das anuidades escolares. Nesse expediente, a USF conseguiu ver os conflitos resolvidos sempre de modo satisfatório, com a mediação competente do reitor Frei Constâncio e a colaboração da equipe dos pró-reitores e assessores diretos, destacando-se a figura de um diplomático, mas, acima de tudo, realista, intermediador: Antonio Carbonari.

Na universidade que ajudou a criar, Carbonari foi secretário-geral, pró-reitor de graduação e acadêmico, chegando ao cargo de pró-reitor de todo o grupo. Uma carreira desenvolvida com base em competências técnicas, não em acordos políticos. É a forma como ele acredita que as ações devem ser concretizadas: a partir do exemplo pessoal e dos colegas de magistério. **Quando se dirige uma faculdade com o pensamento voltado às bases que sustentam a futura candidatura e um posto acima na hierarquia administrativa, o atendimento a normas e diretrizes certamente ficará em segundo plano.** Dede o início, ele acreditava que confiar a gestão acadêmica ao time mais qualificado, com gestores que seguem normas, premissas e planejamento, garante menos desvios na missão de fazer uma boa faculdade.

Estar à frente de uma universidade, um organismo complexo que precisa ser dirigido com a mais absoluta responsabilidade para funcionar e se expandir, fez aflorar no professor as habilidades no campo da gestão.

Subindo cada um dos degraus de sua carreira dentro da instituição, Carbonari se valeu do pensamento lógico de matemático e adaptou, para o mundo da educação, habilidades oriundas de outras áreas do conhecimento. Sua biblioteca pessoal começou a ser povoada por obras de administração, recursos humanos, planejamento, economia e ciências sociais – entre as várias outras áreas, que o ávido leitor sempre gostou de conhecer – afinal, desde os 12 anos, ele concluía a leitura de um livro por semana, hábito que mantém até hoje.

Da obra do austríaco Peter Drucker, Carbonari extraiu conhecimentos fundamentais. A leitura dos trabalhos daquele que é considerado o "pai da moderna administração" permitiu que chegasse a uma conclusão: era possível aplicar em uma empresa acadêmica aquilo que, usualmente, se empregava em corporações voltadas a outros tipos de atividades. **Preceitos básicos, como a noção de que só é administrável aquilo que é organizado, além da simplificação de processos e a necessidade de trabalhar com estruturas enxutas**. No seu caso, tratava-se de descomplicar processos internos, planos de ensino e sistemas de notas, por exemplo.

Em *Reengineering management*, do norte-americano James Champy, outra de suas primeiras leituras sobre administração, encontrou mais detalhes sobre como reestruturar processos de gestão. Do livro, ele deduziu a aplicação dos processos apresentados em projetos pedagógicos e matrizes curriculares, além da gestão das faculdades propriamente dita. Percepção reforçada em outra obra de Champy, esta em parceria com Michael Hammer: *Reengineering the corporation*.

Além dos *insights* sobre administração, o professor extraiu dessas obras lições filosóficas sobre a natureza dos negócios. Criado na lida prática dos armazéns no interior, aprendeu que negócios também contêm, além de cifras e cotas de produção, um significado e uma função perante a sociedade. E que, para além dos números, era necessário colocar a própria inteligência a favor da inovação, da criatividade e da sensibilidade social.

E dessas leituras não surgiam apenas conclusões, mas também perguntas, as quais ele estendia a seus colegas educadores, em um exercício coletivo de reflexão e resolução de problemas que caracterizaria sua atuação como líder. Como reformar – inclusive fisicamente – as escolas? Qual a melhor forma de aplicar um ensino de massa com qualidade? Por que era nelas, Carbonari se convencera, que estava o alvo da sua atividade como educador e gestor. Um vislumbre de resposta a essa questão veio em *A Riqueza na base da pirâmide*, do indiano C. K. Prahalad. A leitura permitiu-lhe entender que **era preciso criar condições especiais para viabilizar o estudo da população que está "na base da pirâmide" social. Dela, e não apenas das elites, é que dependia o vigor e o crescimento econômico do País.**

E foi assim, nessa rotina de leituras, perguntas, troca de ideias, intuições e novas propostas, que Carbonari consolidou seu ideário e sua expertise. Um processo de aprendizagem que nunca cessou, uma vez que as leituras também nunca cessaram. Que o digam as pessoas próximas. Havia um grupo de discípulos que, todas as manhãs, iam puxar assunto com o chefe em sua sala para espiar qual era a leitura do momento e, assim, correr atrás do livro e poder acompanhar as reflexões do mestre. Um deles, acadêmico de Direito, intensificou o ritmo das leituras em legislação para ter condições de discutir à altura com o chefe, um homem com as leis e normas do setor educacional na ponta da língua. Muito mais frequentes eram as ocasiões em que nenhum deles precisava fazer malabarismos para ficar a par dessa agenda. Sempre foi comum a ele, cumprindo sua ideia de que **conhecimento é algo a ser divulgado e não restrito**, distribuir entre os colegas, com dedicatórias, o último título que havia lido e gostado. Todo discípulo próximo do professor tem em sua estante pelo menos uma dezena de livros com essa marca.

Além dos livros, Carbonari tinha como leitura obrigatória o *Diário Oficial da União*, que foi seu grande aliado para adquirir plenos conhecimentos sobre legislações que afetassem o setor educacional. De tanto ler e aplicar normas e portarias ao longo do processo de transformação das Franciscanas em universidade, Carbonari tornou-se íntimo desse universo. Uma competência que, aliada aos contatos que já mantinha dentro do MEC, foi fundamental para seu próximo passo na carreira de gestor: consultor independente de instituições de ensino superior. Foi assim que, em meados dos anos de 1980 até o início da década seguinte, Carbonari atuou nos bastidores do que pode ser considerado como o *boom* das universidades privadas e ajudou a fundar várias outras instituições, além da USF.

A expansão do setor privado no ensino brasileiro começou com a Reforma Universitária de 1968, e foi auxiliada pelo "milagre econômico" na década seguinte. Até o final do século XX, esta história está segmentada em três períodos. O primeiro, que englobou os anos finais da década de 1960 até 1975, foi marcado pelo domínio das faculdades isoladas e de pequeno porte. No segundo, que perdurou até meados dos anos de 1980, realizou-se o agrupamento desses estabelecimentos em torno de federações de escolas, ou seja, as faculdades integradas – exatamente o primeiro processo de mudanças que se deu nas Franciscanas. O terceiro momento é marcado pelo surgimento das universidades e percorre toda a década de 1990.

Até o final dos anos de 1970, os cursos prioritariamente oferecidos eram aqueles com maior demanda e menor dependência de tecnologia para serem ministrados. Era o caso, por exemplo, de Direito, Contabilidade e Pedagogia. Na década seguinte, com o cenário econômico brasileiro extremamente desfavorável – devido à crise do petróleo, iniciada em 1973 e que trouxe um crescendo de adversidades, como desemprego, dívida externa e hiperinflação –, o número de matrículas no ensino superior privado caiu ligeiramente, saindo de 885 mil, em 1980, para 811 mil, cinco anos mais tarde.

No entanto, isso não chegou a comprometer o futuro do setor. Até porque um novo estímulo surgiu com a promulgação da Constituição Federal de 1988, conhecida como a Constituição Cidadã. A nova Carta deu às universidades autonomia para criar e extinguir cursos sem a necessidade do aval do Conselho Federal da Educação, o órgão do MEC, que, até 1995, atuou na formulação e avaliação da política nacional de educação.[1] Com isso, faculdades integradas buscaram a "promoção"

---

1 O Conselho Federal de Educação foi substituído pelo Conselho Nacional de Educação, por meio da Lei nº 9.131, de 24 de novembro de 1995.

a universidades – um processo que, novamente, foi encampado pelas Faculdades Franciscanas.

Aproveitando os conhecimentos acumulados nos últimos anos e incentivado pelos frades franciscanos, Carbonari começou a assessorar as faculdades que desejavam fazer essa passagem. Levou a atividade em paralelo ao trabalho na USF por cinco anos e, nesse período, orientou cerca de 30 processos de aberturas de universidades. As primeiras indicações de consultoria vieram de colegas próximos, que haviam acompanhando todo o seu trabalho nos últimos anos.

Criar mantenedoras para as novas universidades, elaborar currículos de cursos e professores, protocolar os pedidos de aprovação junto ao MEC e acompanhar as comissões de aprovação e reconhecimento do Ministério eram algumas das tarefas do consultor. As paulistas Unip (Universidade Paulista), UniNove (Universidade Nove de Julho), Universidade de Guarulhos e Universidade Católica de Santos estão entre as primeiras faculdades que concluíram a transição após a consultoria realizada por Carbonari. Seu escritório também realizou projetos de universidades em outros estados do Sudeste e demais regiões do País.

Cada projeto, por suas especificidades e características locais, tinha, é claro, particularidades. Com isso, Carbonari conseguiu traçar um paralelo entre o setor privado leigo e as diferentes visões sobre educação das ordens religiosas. Entre elas, deu-se conta de que franciscanos, salesianos, dominicanos e jesuítas, embora todos católicos apostólicos romanos, tinham nítidas diferenças entre si. No caso das faculdades com as quais trabalhou, os contrastes se mostravam em um perfil mais ou menos familiar; tradicional ou não; aberto ou não ao modelo de educar para o mercado, e assim por diante. Fosse como fosse, todas elas precisavam adequar-se às normas, possuir regimento organizado e currículos integrados. E era isso o que ele fazia. Era seu trabalho. Por sinal, realizado com seriedade e com o mesmo perfil habilitado a conciliar as naturais divergências do processo.

A PUC-Campinas, seu berço acadêmico, também contou com seus serviços de assessoria. Professor do Departamento de Ciências

Exatas daquela universidade por sete anos, em 1982 Carbonari foi eleito por seus colegas membro da comissão que prepararia o novo estatuto da instituição. Depois de dois meses nesse colegiado, foi eleito presidente pelos companheiros, liderando por dois anos o processo de modernização da universidade campineira. Vislumbrando outros horizontes, o professor rejeitou um convite para formar sua própria chapa e concorrer à reitoria, mas colaborou nas três eleições seguintes, fazendo questão de apoiar a candidatura dos amigos da casa e deixar a PUC em boas mãos.

Antonio Carbonari e Jarbas Passarinho: mudança na educação

As idas e vindas ao MEC para tratar de todos os processos de criação de universidades aproximaram Carbonari dos membros do Ministério. Ele, que já havia se envolvido com a política da região de Campinas durante os anos mais duros da ditadura militar, estreitou sua relação com a classe política local. Dessa vez, em um ambiente mais ameno.

Com a redemocratização e a reestruturação dos partidos políticos, pôde dar passos mais largos e seguros no campo da política. A maturidade adquirida desde os tempos de estudante universitário também ajudava: agora, ele sabia que era possível dar uma roupagem educacional à atuação política; atuar por esse viés.

O pontapé inicial nessa carreira veio por intermédio de um velho conhecido do ambiente universitário de Campinas e do comitê local do Partido do Movimento Democrático Brasileiro (PMDB), recém-eleito governador de São Paulo naquele ano de 1987: Orestes Quércia. Em um almoço na casa do governador, foi convidado para integrar o Conselho Estadual de Educação. Uma vez nomeado, teve entre suas primeiras atribuições contribuir para o enquadramento das 54 fundações municipais espalhadas pelo Estado, que recebiam dinheiro público mas eram dominadas por famílias, que as tratavam como um negócio particular – ou seja, não ofereciam contrapartidas, a exemplo da abertura de concursos públicos. Após um ano de trabalho, os estatutos das fundações privadas foram organizados. Outro procedimento de sucesso foi a intervenção na Faculdade de Medicina de Jundiaí, que teve seu regimento e estatuto reformulados por Carbonari, pondo fim a um processo cuja responsabilidade os governos federal e estadual vinham empurrando de um para o outro.

Esse espírito prático foi útil na sua empreitada seguinte, dessa vez na política. Após os anos como conselheiro estadual: Carbonari se tornaria vice-prefeito de Itatiba, na gestão de 1993 a 1997, pelo mesmo PMDB. De certa forma, ele voltava às origens... Vamos à história. Desde os tempos de universitário, já fazia oposição à elite conservadora, dos fazendeiros e das famílias tradicionais – aliás, exatamente como seu pai. Em 1974, saiu candidato, mas não venceu as eleições para vereador pelo, então, MDB (origem do PMDB). A segunda investida na política itatibense aconteceu anos depois, quando, postulante a vice-prefeito, compôs a chapa de um amigo professor. Finalmente, no início dos anos de 1990, a terceira tentativa foi vitoriosa, e, uma vez na prefeitura, empregou o mesmo estilo de gestão, concentrado nas questões práticas e rápido em encontrar soluções.

Política: Carbonari acompanhado do governador Geraldo Alckmin (PSDB), do senador Romeu Tuma (PTB) e do deputado Campos Machado (PTB), em Encontro dos Sindicatos Petebistas

– *Eu acho que foi ele que inventou o* Yes, we can. *O Obama[2] só imitou* – brinca o professor Carlos Afonso Silva, que era delegado da Polícia Civil de Itatiba na época em que Carbonari trabalhava na prefeitura.

Para o vice-prefeito, não era uma simples justificativa – muito menos uma conveniência política qualquer – que o convencia a deixar de executar um projeto ou uma obra necessária para a cidade, como a reforma de uma ponte ou de uma escola. Não aceitar supostos obstáculos e dedicação intensificada na busca de soluções marcou sua passagem pela prefeitura de Itatiba. A pauta da educação também esteve presente, com a criação do Conselho Municipal de Educação.

O ensino, vocação de uma vida, funcionou também como divisor de águas no campo da política. Depois da experiência como vice-prefeito, mais do que nunca convencido de que seu caminho era o

---

2 Barack Obama, presidente dos Estados Unidos da América, eleito pela primeira vez em 2008 após campanha eleitoral que teve como slogan a frase *Yes, we can* ou *Sim, nós podemos*.

Carbonari e Michel Temer, companheiros do PMDB pós redemocratização

do educador, deixou de lado a administração pública. No entanto, a política nunca saiu de sua vida. Em primeiro lugar, porque é muito ampla a interface dela com a educação, como bem comprovaram as atividades desempenhadas no Conselho Estadual de Educação e os pleitos junto ao MEC. Em segundo, porque, anos depois, seu conhecimento sobre educação e legislação, aliado à mente criativa e idealista, o levaria a formular importantes políticas educacionais. E, se for necessário um terceiro motivo, declare-se ter ele aprendido que entender de política é fundamental para qualquer profissional – um ensinamento transmitido a seus alunos e seguidores.

*– Eu sempre entendi que o Brasil não tinha uma **filosofia educacional** e que precisaria disso antes de começar a pensar em uma **política educacional**. Comecei a colocar essa questão para meus alunos e sempre incentivei que participassem da política.*

Porém, antes mesmo da eleição ao cargo de vice-prefeito de Itatiba, uma questão já se insinuara. Apesar de toda a sua experiência em política e educação, desenvolvida ao longo de duas décadas, aos 39 anos Carbonari não tinha um projeto mais ambicioso para "chamar de seu". Algo capaz de refletir integralmente seu ideário, agora tão bem estruturado, consolidado e praticamente pronto para ser posto à prova. E isso deixava desconcertado quem o conhecia e sabia de seu talento para a educação. Foi provavelmente pensando nisso que, correndo o ano de 1990, o Frei Constâncio Nogara o chamou de canto e disse:

– Carbonari, eu acho que você está indo muito bem. Nós pegamos a universidade com quatro mil alunos e hoje temos 18 mil. Você tem um grande pendor para isso – observou.

E completou o raciocínio com uma sugestão:

– Eu acho que você poderia criar uma faculdade sua. Mas não se esqueça de levar consigo a inspiração franciscana de oferecer uma educação integral, profissional, humana e cristã.

Essa decisão não tardaria a se tornar uma ação concreta, mas, naquele momento, Carbonari deu-se conta de que tinha diante de si um verdadeiro mentor.

– Frei Constâncio me deu asas. Era o grande comandante, o Peter Drucker dos franciscanos, diz Carbonari.

Ele aprendeu muito no convívio diário com todos os franciscanos. E outro nome a ser destacado é o de um homem com ideias magistrais: Frei Fabio Panini. Ao lado dele, nos dois anos em que foi seu consultor pessoal, teve a oportunidade de viajar pelo Brasil em visita às instituições da Ordem e até mesmo organizar a documentação para criar uma irmandade de freiras franciscanas em Santa Catarina – que mais tarde foi transferida para Bragança Paulista, a fim de coordenar o hospital-escola da USF.

Carbonari também admirava a capacidade de Frei Caetano Ferrari gerenciar recursos financeiros, mesmo sendo ele um homem que fizera voto de pobreza por força da doutrina religiosa que escolheu seguir. O controle era tal que, muitas vezes, ele mesmo não dispunha de verbas para viagens de trabalho e pedia ao professor que emprestasse de sua cota. Economista por formação, o pró-reitor administrativo foi, mais tarde, eleito vice-provincial, da Província Franciscana da Imaculada Conceição do Brasil, sediada no Largo de São Francisco, na capital paulista. Mais uma vez o nome de Carbonari foi a opção para organizar a administração do local e estruturar uma escola de informática para os novos frades.

Mesmo distanciados pelos compromissos de carreira que tiveram a partir do momento em que ambos saíram da USF, Carbonari e dom Caetano jamais deixaram a amizade desaparecer. Também natural de uma cidade do interior do Estado – Pirajuí –, descendente de italianos, apreciador de uma boa macarronada, o religioso tem muitas coisas em comum com o professor, mas uma delas não é o time favorito, no seu caso o São Paulo Futebol Clube; no do mestre, o Palmeiras. Em 2002, Carbonari recebeu um convite para a posse do religioso no cargo

Carbonari e Henrique Meirelles, presidente do Banco Central (2003-2011)

de bispo auxiliar da diocese de Franca. Os amigos se reencontram e brindaram com um bom vinho, é claro.

Em 2009 um novo convite chegou, desta vez para a posse de dom Caetano como bispo titular da diocese de Bauru. O amigo foi novamente prestigiá-lo.

– *Frei Caetano não esqueça que nos últimos 50 anos nenhum bispo daqui deixou de ser cardeal* – brincou, com a liberdade que somente as amizades de longa data e o respeito mútuo permitem existir.

– *De onde você tirou essas estatísticas?* – quis saber o bispo.

– *Isso é problema meu. Apenas sei* – comentou com um sorriso velado pela taça de vinho.

– *Seja lá como for, Carbonari, eu digo que se algum dia você pensar em mudar de ramo, a Universidade São Francisco será para você um grande local no futuro. Os franciscanos vão ficar muito felizes, pois você já é quase da Ordem...*

❖

Capítulo 4

Um bandeirante na educação

Capítulo 4
Um bandeirante na educação

Eram 22 horas de uma noite chuvosa quando a pequena comitiva estacionou o carro em frente à casa de Antonio Carbonari, em Itatiba. Aquele fora um dia difícil para Geraldo Macarenko, vice-prefeito de Leme, e para o professor Antonio Luiz Moraes, chefe de gabinete. Era o ano de 1989. Os dois haviam agendado o encontro com certa antecedência, tudo daria certo para realizar o plano que traziam em mente, mas eles cometeram apenas um erro: o local da reunião. Tinham certeza de que seria na capital paulista e estavam a meio caminho, na Rodovia Anhanguera, quando notaram o equívoco. No primeiro retorno, pegaram o caminho de volta para o interior.

Em meio a desencontros e horas de estrada, não encontraram tempo para jantar. Recebidos por um gentil Carbonari, os dois estavam famintos. Assim que soube da pequena epopeia vivida por seus convidados, o anfitrião fez o que pôde. Improvisou um lanche com um toque de hospitalidade italiana: pão e salame. Macarenko, que é vegetariano, não teve dúvidas. Mesmo pouco familiarizado com aquele tipo de comida, foi o primeiro a quebrar o gelo, aceitar de bom grado as honras da casa e fazer um consistente, bem recheado sanduíche. Valia tudo pela causa que os havia conduzido até ali naquela noite. Desse encontro deveria, finalmente, nascer a tão sonhada faculdade do pequeno município de Leme, um projeto de longa data para o qual os dois foram os emissários escolhidos pelo prefeito Luiz Fernando Marchi (PTB).

Fazia anos que as autoridades da cidade, localizada a 190 km da capital paulista, tentavam implantar o sonhado projeto. Apesar de ser um município importante para a região, que, em um raio de 18 km, abriga 40 cidades, Leme via seus jovens deixando a cidade para cursar o ensino superior em outros municípios maiores, como Campinas e São

Paulo. Ao lado da deficiência do setor educacional, existia, ligados a ela, uma série de problemas sociais. De um lado, Leme era representante da pujança do interior paulista. Sua produção de cana-de-açúcar e laranja, somada às indústrias ceramista, química e de alimentação, puxava a economia. Sua população, por outro lado, nem sempre refletia essa riqueza. Em 1991, o Índice de Desenvolvimento Humano (IDH) municipal, medido pelo Instituto Brasileiro de Geografia e Estatística (IBGE), era 0,514, enquanto o da capital 0,626. O ensino superior poderia formar os jovens locais, criando mão de obra qualificada e ajudando a economia do município a se consolidar. No projeto de desenvolvimento da cidade, a educação era um item fundamental – e Macarenko estava bastante sensível à questão.

– *Eu posso fazer a faculdade para vocês* – disse Carbonari, acreditando que se tratava de mais um pedido de consultoria.

– *Para nós não, para você* – respondeu Macarenko.

Foi quando a "ficha caiu". Parecia ser a concretização de um ideal, que, a bem da verdade, Carbonari nem tinha certeza se fazia parte de seus planos. Mas seu amigo Valmor Bolan – o mesmo que havia lhe aberto as portas das Faculdades Franciscanas para o primeiro emprego como professor universitário – sabia muito bem que aquele era um desejo do dedicado mestre.

Sabia disso porque os dois tinham se reencontrado havia poucos meses e conversado sobre o rumo de suas próprias vidas. Enquanto o matemático estava envolvido com sua consultoria e a gestão da Universidade São Francisco (USF), Bolan investia seriamente na política, estruturando projetos de campanha. A atividade deu a ele a oportunidade de travar forte contato com diversos prefeitos do interior do estado, entre eles o chefe do executivo de Leme. Na conversa com Marchi, surgiu o assunto do ambicioso projeto educacional. Bolan se tornou, assim, um dos articuladores da reunião que acontecia naquela noite chuvosa, bem servida de pão e salame. Foi ele quem sugeriu o nome de Carbonari para conduzir a instituição e, mais tarde, prestou todo o apoio durante o processo de abertura e início das operações.

Os anos de espera acenaram seu adeus no último ano da década de 1980, quando os integrantes da prefeitura de Leme entenderam que, diante deles, estava a pessoa certa para a grande empreitada, graças àquela indicação preciosa. Eles tinham também conhecimento sobre Antonio Carbonari e seus 20 anos de experiência em educação e gestão universitária. Se ele ainda não possuía meios para começar sua própria faculdade, do zero, talvez só precisasse de um incentivo. Por seu lado, a prefeitura de Leme tinha um terreno disponível e meios para dar início ao projeto. Os dois anseios coincidiam. Foi com o propósito de expor essa intenção de parceria ao professor que Macarenko rumou até Itatiba naquela noite.

Com entusiasmo, as duas partes envolvidas na mesma determinação fecharam um acordo. E o sonho da cidade de Leme, ainda incerto antes desse primeiro encontro, se tornou possível e foi além. Ao final daquela entrevista, todos já falavam empolgados sobre como seria não uma simples *faculdade*, mas, no futuro, um *centro universitário*.

– *Algumas pessoas têm o dom de encantar com palavras. São os* violin players, *violinistas quando falam, e Carbonari sempre integrou esse seleto grupo. Nosso objetivo se tornou possível antes de assentar o primeiro tijolo* – recorda Macarenko.

Tornar concreto o projeto que já era real na imaginação de seus criadores exigiu muito trabalho. Mais uma vez, Carbonari calçou as sandálias de franciscano e saiu para fazer a sua obra – desta vez, sua de fato. Para a tarefa, convocou familiares e antigos companheiros do meio educacional. Maria Elisa, sua esposa e também professora universitária da área das Ciências Humanas, ficou responsável pelas bibliotecas, publicações, pesquisa e extensão. Seu filho Erik, formado em Direito, assumiu a área jurídica e a presidência. Mais tarde, outro de seus filhos, Alex, integraria o grupo para coordenar o planejamento e administração da estrutura física da faculdade. O time ficou completo com José Luiz Poli (matemático) e José Norberto Comune (biólogo), amigos com quem nosso educador e empreendedor mantinha um relacionamento de colegas na Universidade São Francisco, de longa data.

Poli conhecia seu futuro sócio desde os anos de 1970, quando os dois ocupavam posições opostas na sala de aula. Primeiro nas aulas do cursinho e depois na Faculdade de Engenharia de Itatiba, ele teve Carbonari como seu professor de Matemática. Após a graduação, decidiu também seguir a carreira acadêmica e logo se tornou colega de trabalho do antigo mestre, na USF. Especialistas da mesma área e com pontos de vista afinados sobre educação, os dois formaram uma parceria natural para colocar em prática o projeto. A eles somou-se José Norberto Comune, também colega da USF. Na divisão de tarefas, Poli foi escalado para lidar com números, ocupando a chefia do setor administrativo e financeiro. Comune, sujeito bem-humorado e de conversa fácil, ficou na linha de frente das relações institucionais, inclusive nos contatos com o Ministério da Educação. Carbonari assumiu a liderança de todo o processo, e o grupo começou a trabalhar.

Toda a concepção do centro universitário partiu de uma única pergunta: "Qual é a faculdade que nós queremos?". E, nesse caso, o "nós" não era apenas os envolvidos diretamente na execução. O grupo incluía centenas de jovens de todo o País. O que desejavam esses estudantes em seus respectivos projetos de vida? Para responder a essa pergunta, Carbonari apoiou-se em sua experiência de duas décadas de docência, estudos e reflexões. Concluiu, junto com sua equipe de trabalho, que o modelo ideal seria voltado para a classe C, tradicional e historicamente apartada da educação de nível superior.

O aluno que a nova instituição desejava receber não era mais um representante do típico grupo formado por universitários do interior: jovens de classe média alta, com disponibilidade para dedicarem-se somente aos estudos. O público-alvo era o estudante que, na maioria dos casos, já trabalhava. Aquela garota ou garoto que iria frequentar um curso noturno e que via o ensino superior, sobretudo, como uma forma de *realizar seu projeto de vida*. Para eles, a faculdade representava *um meio para dar um passo à frente em suas respectivas profissões* ou, talvez, a oportunidade de graduar-se em um curso que lhes garantisse *uma promissora carreira no futuro*. Assim, os empreendedores queriam iniciar um novo projeto no ensino superior, que tivesse no seu planejamento estratégico a missão, a visão e o objetivo desses mantenedores. Aí se firmou a base do futuro Grupo Anhanguera:

> **MISSÃO:** *Promover a oferta de CURSOS SUPERIORES de qualidade, nas várias áreas do saber, prioritariamente aos JOVENS TRABALHADORES, com custos acessíveis, visando ao desenvolvimento do seu PROJETO de VIDA.*

> **VISÃO:** Ser uma das cinco maiores entidades de educação superior do País, com vistas ao atendimento das necessidades dos jovens trabalhadores, da sua ascensão social e inclusão no mercado de trabalho.

> **OBJETIVO GERAL:** *Formar indivíduos nas diferentes áreas do conhecimento, aptos para a inserção social em setores profissionais e para a participação no desenvolvimento da sua comunidade, colaborando para a sua formação contínua.*

> **FILOSOFIA GERENCIAL:** *Delegar autoridade e responsabilidade aos diretores, coordenadores e professores, para que possam alcançar as metas, os objetivos e planos institucionais aprovados, com incentivo ao trabalho sério e comprometido com resultados.*

Foram essas as ideias que deram sustentação à nova faculdade. Com base nelas, o projeto pedagógico e o modelo administrativo começaram a ser construídos.

Para atender a essa prerrogativa, seria necessário formar os profissionais que o mercado de trabalho busca. Por esse motivo, o diploma seria, em primeiro lugar, uma ferramenta de evolução pessoal. Não apenas isso: *a experiência universitária deveria ser um processo dinâmico e moderno, pleno de sentido para a vida prática e aplicabilidade no cotidiano profissional.* A base do modelo educacional que contemplaria esse paradigma já estava presente nas mudanças operadas por Carbonari na USF: currículos enxutos, sem disciplinas redundantes. Ao colocar em ação todos os cérebros envolvidos no projeto, novas ideias começaram a ser incorporadas.

Enquanto os professores trabalhavam no projeto educacional, a sede física da faculdade era erguida. A prefeitura de Leme cedera a Carbonari, em regime de comodato, um terreno de 20 mil m², com excelente localização. A primeira fase do prédio seria construída com verbas municipais, mas o grupo de professores ficou responsável pela aprovação da planta. Os próprios sócios fizeram o esboço do primeiro edifício, de modo que refletisse o mesmo princípio de simplicidade e eficiência aplicado nas demais áreas. O projeto encomendado a um engenheiro mostrava um espaço com linhas descomplicadas e funcionalidade, com dois andares e oito salas de aula. Não se pensava, naquele momento, em qualquer avanço arquitetônico ou na aquisição de dispendiosos equipamentos, muito menos elementos decorativos. O fundamental era assegurar o mínimo de conforto para os alunos, com salas de aula adequadas, muito bem iluminadas e arejadas, uma razoável biblioteca e um bom laboratório de informática.

Para compor a primeira oferta de cursos da futura Associação Lemense de Educação e Cultura, os dirigentes optaram por quatro graduações clássicas: Direito, Administração, Ciências Contábeis e Processamento de Dados. Todos eles foram protocolados junto ao MEC, ainda em 1990. Porém, o caminho até a implantação dos cursos e a realização do primeiro vestibular levou quatro anos. para ser percorrido. Ao longo desse período, a cultura da faculdade passou por um profundo processo de desenvolvimento. À frente de todo esse trabalho, Carbonari empregou sua experiência como consultor, o nato talento de *public relations* e seus profundos conhecimentos sobre os trâmites burocráticos para criar uma instituição de ensino superior.

Ele não se limitou a sentar e esperar pela aprovação dos cursos. Ia frequentemente a Brasília acompanhar o andamento da liberação que autorizaria o início das atividades. Não muito surpreso com o que assistia, Macarenko e Comune, que sempre iam com ele à Capital Federal, admiravam as outras habilidades de Carbonari que ainda não conheciam. Ele tinha contato com muitas pessoas do Ministério e sabia de todas as pautas das reuniões do Conselho Federal de Educação.

Durante quatro anos, o mestre batalhou pessoalmente por seu objetivo. E assim, com paciência, persistência e muito empenho, conseguiram o aguardado sinal verde. O primeiro vestibular foi realizado no final de 1994, com 80 vagas em cada curso – um total de 240 jovens que teriam a primeira oportunidade de mudar suas vidas. Os números superaram as expectativas, sobretudo de quem considerava que não haveria tamanha demanda na cidade: 600 estudantes compareceram ao exame. A chegada da faculdade foi uma felicidade astronômica para a cidade de Leme, segundo o professor Poli.

Oferecer ensino de qualidade, centrado em um tipo específico de universitário, o trabalhador em tempo integral, era um grande desafio. Ao lado de Poli e Comune, Carbonari já vinha reunindo ideias esparsas, mas muito avançadas, sobre como criar um modelo ideal de escola superior que considerasse com realismo o necessário para o País. O foco estava na chamada classe C, pois tanto a A quanto a B já estavam plenamente servidas. Foi necessário atender a alguns quesitos que Carbonari e sua equipe levaram em conta no momento de estruturar os currículos. Para começar, um estudante que passou oito horas no trabalho, dificilmente teria disposição para enfrentar cinco horas de aula à noite. Outro tipo comum nesse grupo eram os alunos que já haviam formado uma família e, antes de ver terminar cada dia, ainda precisavam cuidar dos filhos e cumprir afazeres domésticos. Havia, ainda, aqueles que moravam em cidades vizinhas, em um raio de 60 km, e enfrentavam uma jornada de uma hora ou mais para chegar em suas casas. Como fazer com que todos eles pudessem conciliar estudos, trabalho e vida social?

Esta foi a primeira lição: seria impossível terminar o período letivo diário às 23 horas, como previsto e praticado nas demais faculdades. Era preciso criar novas ideias para resolver velhos problemas... A solução do time de Carbonari foi diminuir o tempo diário de aulas para três horas e aumentar a duração do semestre, de modo a cumprir a carga horária exigida pelo MEC. Dessa forma, as aulas começavam em meados de janeiro, e não após o Carnaval, como é comum no ensino superior, e eram esticadas até a semana anterior ao Natal. E o aluno chegava mais cedo em casa todos os dias, com tempo suficiente para ter uma boa noite de sono.

Para aprofundar o conteúdo transmitido em sala de aula, foi criado um sistema de estudo autônomo e um de estágio, cujas horas complementariam a carga horária total do curso. O estudo independente (atividades complementares supervisionadas), nas bibliotecas ou nos laboratórios era contabilizado e poderia corresponder ao máximo de 10% do total de horas-aula. Para facilitar esse trabalho, as bibliotecas ficavam abertas durante todo o dia e também nos finais de semana. O mesmo ocorria com o programa de estágio, denominado Projeto de Extensão Universitária. Os alunos somariam isso à carga horária de seus cursos se dedicassem de uma ou duas semanas a aplicar e consolidar o que tinham aprendido na faculdade em empresas. Por exemplo, um estudante de Contabilidade passaria determinado período em uma empresa da área; o futuro bacharel em Direito poderia estagiar em um escritório de advocacia, e assim por diante. Essas atividades foram reunidas, num primeiro momento numa disciplina denominada "Projeto de Extensão Universitária", com carga horária específica, professor orientador e avaliação tradicional.

Outra lição da cartilha de Carbonari dizia respeito ao orçamento. Pode-se dizer que o mesmo estilo de linhas simples adotado para o edifício-sede serviu de base para a arquitetura da administração, pautada pela eficiência econômica e financeira. Ele aprendera nos livros de seus gurus da gestão criativa que era necessário queimar gordura operacional. A verdade é que, ao proceder assim, não apenas a instituição sairia ganhando, como o aluno também. Esta era, afinal, a principal meta: oferecer mensalidades muito mais baixas que as praticadas pelo mercado, que coubessem no orçamento de qualquer um, aumentando a oportunidade para a juventude estudar. A questão preço era fundamental, uma vez que a maior parte deles pertencia a classe C. Para aqueles que não tinham condições de arcar com a mensalidade, eram oferecidas bolsas de estudo. A própria faculdade bancava os estudos de uma parte deles, e a municipalidade, a quem cabia 5% das vagas, também concedia o benefício para esses 12 alunos.

Poli, outro matemático, elaborava o planejamento e fazia com que, através de técnicas de gestão inteligente de custos, as mensalidades pudessem ser pagas, sem exigir grande sacrifício dos estudantes. O orçamento era dedicado apenas ao extremamente necessário, e o uso de recursos otimizado e racionalizado. O diretor administrativo-financeiro era uma espécie de "tradutor de Carbonariês": entendia a teoria do diretor e encontrava o modelo ideal para sustentá-la na prática. E, felizmente, isso acontecia na maioria das vezes.

Ainda que a matemática seja um mistério para muita gente, nela não existe mágica. E os números são implacáveis. É por isso que, embora com o talento de dois bons matemáticos e todo o conhecimento sobre gestão envolvidos, em alguns meses as contas não fechavam. Na maioria das vezes, o motivo era a inadimplência ou a folha de pagamento, mesmo que ela, desde o início, não pudesse ultrapassar 40% do orçamento. Quando isso acontecia, os sócios precisavam colocar a mão no bolso. Não foram duas nem três vezes que eles buscaram empréstimos em bancos para cobrir as despesas. Em medida extrema, chegaram a penhorar algumas das suas propriedades como garantia. Essas e outras questões que criavam impasses na administração eram frequentemente discutidas na estrada, no caminho de ida e volta até São Paulo, quando os dois precisavam ir à capital. Durante as reuniões-viagem, resolviam tudo. De volta ao interior, cada um seguia seu caminho pronto para cumprir sua parte do acordo.

A Rodovia Anhanguera também foi a base do escritório móvel da faculdade para resolver as questões relativas à gestão, que eram tratadas com todo o corpo diretivo reunido em uma caminhonete, de fato equipada com uma mesa de reuniões. Todas as quartas-feiras, por volta das 18 horas, Erik Carbonari assumia o papel de motorista e saía de Itatiba já com três passageiros: o pai, a mãe e o professor Poli. Passavam por Campinas, onde embarcava o colega Norberto Comune. No caminho de 110 km até Leme, despachavam todos os processos com alunos. Talvez inspirado pelo movimento da estrada, o consenso no grupo, que de maneira alguma era sempre coeso, acabava sendo atingido. As viagens foram fundamentais não apenas para adiantar o expediente, como também para criar o entrosamento da equipe. Era a *Anhanguera* já influenciando o destino de todos...

Os debates mais acalorados só tinham lugar na implantação de novas ideias. E foi em uma dessas ocasiões que o motorista, agora um profissional contratado, de nome Jonas, fez as vezes de mediador. Havia várias noites que o grupo estava refazendo o currículo do programa de Administração. Metade dos diretores acreditava que Psicologia organizacional deveria ser uma das disciplinas. A outra parte defendia que não haveria espaço no currículo. Por fim, decidiram criar uma cadeira de Psicologia apenas no primeiro semestre, deixando a especialização organizacional para o terceiro. Seriam, portanto, apenas duas aulas em cada um dos períodos letivos. No entanto, Carbonari e Maria Elisa começaram a analisar os currículos de candidatos com propostas para quatro horas-aula, mas não se deram conta desse detalhe.

– *Professor, pode parar com isso aí! Nós fechamos em duas aulas, não se lembra?* – alertou, lá da frente da van, o atento Jonas, motorista da equipe, que cumpriu seu papel de "ata viva" das reuniões na estrada.

Quando o primeiro período letivo teve início, os alunos rapidamente puderam comprovar que o modelo funcionava. Perceberam que, afinal, era possível estudar e que aquilo que aprendiam tinha grande aplicabilidade no mercado de trabalho. As disciplinas, definidas pela equipe de Carbonari, com forte influência da sua experiência na franciscana USF, eram sintetizadas, sem redundância entre si. Outra peculiaridade: todas as matérias que, na maior parte das faculdades, tinham como prenome Introdução, foram colocadas no final dos cursos. Assim, o aluno mais maduro, por isso mesmo, estava apto a assimilar conteúdos humanísticos. A instituição nasceu com um currículo moderno e nada engessado. As mudanças eram bem-vindas, e todo o corpo docente era democraticamente consultado no desenvolvimento do processo.

Ao lado da formação profissional objetiva e focada nas demandas do mercado, a direção da faculdade entendia que deveria cuidar também da formação cidadã dos jovens, em todas as áreas. Como estimular neles o interesse por política se o conhecimento sobre a Constituição Federal era restrito aos estudantes de Direito? E por que apenas quem cursa Economia pode entender qual a função do Banco Central e o papel da taxa básica de juros, a Selic? Todo e qualquer profissional, acreditava Carbonari, deveria conhecer o básico sobre legislação, finanças, política, comunicação e ética.

Foi esse o pensamento que levou à criação de disciplinas comuns a todos os cursos – isso mesmo, a todos, inclusive direito, medicina, fisioterapia, computação, engenharias, etc. A primeira delas, **Desenvolvimento pessoal e profissional**, ensina o aluno a administrar sua imagem e carreira: como estruturar um bom currículo, portar-se adequadamente em entrevistas de emprego e, até mesmo, falar em público. Em **Direito e legislação**, os estudantes aprendem conceitos elementares dos diferentes ramos do Direito (civil, comercial e constitucional, entre outros) e o funcionamento do Poder Judiciário. Em **Economia** e em **Desenvolvimento econômico e organismos internacionais**, ele conhece o papel de organismos econômicos de atuação global, como o Banco Mundial e a OEA (Organização dos Estados Americanos) e comércio internacional, por exemplo. Além dessas, o tronco comum se completou com disciplinas como **Direitos humanos**, **Responsabilidade social e meio ambiente** e **Leituras clássicas**, incluindo obras de autores consagrados das ciências humanas, desde o iluminista francês Voltaire até o sociólogo brasileiro Gilberto Freyre.

Outra singularidade é que a estruturação dos currículos também levava em conta consultas prévias na Ordem dos Advogados do Brasil e nos Conselhos Regionais de Engenharia, Administração e Contabilidade. A pergunta era: "O que o administrador de hoje precisa? O que o engenheiro deverá saber daqui a dez anos?". Para abrir espaço para o novo conteúdo, foram removidas disciplinas antigas, ultrapassadas, sem utilidade prática. Em seu lugar ficou apenas o que era fundamental, mas com uma roupagem moderna. Para citar apenas um exemplo, qualquer um dos cursos deveria ter um ano de informática básica, uma vez que, naquela época, não era comum que as pessoas tivessem computadores em suas casas.

Após um bom tempo em que a disciplina Informática básica (obrigatória para todos os cursos) se popularizou e os estudantes já traziam de casa ou de outros cursos preparatórios esses conteúdo, a instituição passou a fazer o exame de proficiência, e os aprovados ficavam dispensados de cursá-la. Em seu lugar, outras disciplinas mais úteis e modernas poderiam ser cursadas.

Desde o início, os professores sempre foram parte importante desse projeto. Avesso à imagem do velho catedrático preocupado, em primeiro lugar, com o próprio currículo, Carbonari recrutou o corpo docente entre as pessoas ativas no mercado e interessadas, de verdade, no magistério. Afinal, quem poderia preparar melhor um futuro contador do que um profissional da área? Era preciso, também, interessar-se pelo ensino e produzir conhecimento. Selecionada e aprovada por suas competências profissionais, a primeira turma foi alertada a jamais se acomodar. O diretor deixou bem claro que todos deveriam continuar os estudos e buscar títulos de mestres e doutores, contribuindo com artigos para as revistas que a instituição começava a estruturar.

– *O cenário educacional no Brasil está mudando. Aviso a vocês que esse navio tem um rumo, e nele só cabem mestres e doutores. Corram atrás dos seus títulos* – dizia o diretor.

O professor Carlos Afonso Gonçalves da Silva foi uma dessas pessoas. Era 1993. Ele, então delegado de polícia titular de Itatiba, conheceu Carbonari quando este era o vice-prefeito. Foi então que o mestre comentou que estava abrindo a faculdade em Leme e o convidou para dar aulas no curso de Direito. Carlos aceitou imediatamente. Sentia saudades da docência, exercida em instituições de Araçatuba, nas áreas jurídicas Penal, Constitucional e Administrativa. E no ano seguinte ele ingressou no mestrado da PUC-SP. Foi o início de uma carreira que se entenderia pelos 20 anos seguintes, conduzindo-o a cargos na direção do grupo educacional.

Os docentes, oriundos de alguns dos 20 municípios que formam a Região Metropolitana de Campinas, eram conduzidos até Leme todos os dias. Na direção de um micro-ônibus, Erik Carbonari saía de

Leme e seguia ao longo da Rodovia Anhanguera, parando em todas as cidades onde havia passageiros/professores. Quando a aula terminava, todos faziam o caminho em sentido contrário. A "van escolar dos professores" rodou por anos. Outra característica interessante é que, antes das aulas e nos intervalos, eram servidos aos docentes diferentes tipos de salgadinho, lanche e suco. A regra era oferecer tratamento personalizado àqueles que eram a alma do negócio do ensino.

Carbonari, Maria Elisa e Poli nos primeiros anos da Anhanguera

O sucesso da Associação Lemense de Educação e Cultura se repetiria em um futuro próximo, com a expansão das faculdades de Direito e de Administração, o que seria a semente do Grupo Educacional Anhanguera. À medida que a instituição se consolidava, Carbonari pensava em ampliar os horizontes. Em meados dos anos de 1990, quase 90% dos alunos do setor privado eram da classe média alta. Enquanto isso, aqueles com menor poder aquisitivo, das classes C e D, não tinham condições de atingir esse *status* de educação.

Embora a capital já contasse com algumas das principais redes particulares, o interior do estado tinha na USF, de Bragança Paulista, uma exceção. Não por acaso, um projeto que levava a assinatura de Antonio Carbonari. O professor percebia o potencial que havia nas cidades mais distantes da metrópole e, principalmente, enxergava a grande massa de alunos sem acesso ao curso superior.

Leme não era, afinal, a única cidade do interior sem faculdade própria. Muitos outros jovens, de vários municípios, também poderiam ser beneficiados com o acesso facilitado à educação. Era hora de dar mais um passo. Dessa vez, não mais como um franciscano, e sim como um sertanista.

– *Eu escolhi Anhanguera não apenas por ser o nome da rodovia, mas também pelo emblemático bandeirante. Eu queria desbravar o interior* – explica Carbonari.

A comparação, no caso, é com o bandeirante Bartolomeu Bueno da Silva, que, no século XVII, na busca por ouro, explorou o interior do Brasil na direção da atual região Centro-Oeste. O apelido Anhanguera, herdado de seu pai, foi dado por integrantes da nação Goyaz e significa diabo velho (anhanga = diabo; ûera = velho). Para convencer os indígenas, o bandeirante ateava fogo em uma cuia com aguardente e ameaçava fazer o mesmo com a água do rio caso os índios não dessem a ele orientações para uma mais rápida busca de ouro. Inaugurada no começo dos anos de 1970, no governo de Laudo Natel, a Rodovia Anhanguera, que liga a capital paulista ao Norte do estado, teria sido uma das rotas abertas pelo sertanista, no caminho para Campinas.

A "bandeira da educação superior" de Carbonari surgiu nessa mesma rodovia, em 1998. A primeira cidade a receber uma unidade da Anhanguera foi Valinhos, distante 82 km da capital.

Todas as vezes que passava por Valinhos, no caminho entre Itatiba e Campinas, ele via uma indústria abandonada. Visionário, enxergava no amplo edifício o belo prédio de uma faculdade e, melhor ainda, estava muito próximo da rodovia. Uniu sonho à ação e procurou saber quem era o dono. A velha fábrica era parte do espólio de uma criança de apenas três anos, que ainda não poderia administrar seus bens e muito menos vendê-los. Em acordo feito com o juiz responsável pelo caso, ele conseguiu que o edifício fosse alugado por um período de 30 anos. O que seria vantajoso para todas as partes.

Para colocar tudo em funcionamento, os sócios recorreram mais uma vez ao crédito bancário, além de empregarem as mesmas técnicas de administração que estavam funcionando muito bem em Leme. De novo, a matemática foi a grande aliada. Era tudo uma questão de precisão de cálculos para fazer funcionar a engrenagem que movimentaria a expansão. Assim, o valor arrecadado com as taxas de inscrição para o vestibular, realizado em dezembro, pagava, em janeiro, os investimentos na nova biblioteca. Em março, o laboratório era pago com as mensalidades de fevereiro. No segundo ano, a nova instituição já funcionaria de maneira equilibrada. Uma estabilidade que foi fundamental para a aquisição, pouco depois, de uma mantenedora na cidade de Pirassununga, com apenas dois cursos e, sobretudo, para a próxima grande presença, mais ousada, no tradicional polo universitário de Campinas. E aqui estava o ponto de mudança no negócio educacional que se expandia. Afinal, criar uma faculdade em um município sem instituição de ensino superior alguma era algo que já haviam feito. Campinas era outra história. Bem outra. E isso fazia tudo parecer mais arriscado.

O aluno, mais uma vez, foi o fator decisivo. Certo dia, Carbonari, seu filho Alex e Poli foram até um shopping da cidade-sede da região metropolitana para comprar um celular. Lá, conversando com a atendente da loja, Alex descobriu que ela havia estudado na PUC de Campinas – a mesma onde Carbonari havia se formado –, mas não concluíra o curso. A questão é que seu salário de vendedora não era o suficiente para pagar a mensalidade. O trio saiu da loja disposto a fazer uma espécie de pesquisa informal. Conversaram com outras funcionárias do shopping e quase todas elas estavam na mesma situação: haviam trancado a matrícula em suas respectivas instituições privadas por falta de condições financeiras. Foi então que Alex decidiu perguntar a uma delas:

– *E se existisse uma faculdade com mensalidade de R$ 199,00, você faria matrícula?*

– *Na hora!* – respondeu a moça.

– Alex disse ao grupo: esse é o nicho, vamos lá, abrir cursos nessa faixa – e já.

O valor equivalia a menos da metade do cobrado mensalmente por algumas instituições. Entusiasmados com a descoberta do nicho em Campinas, os três se sentaram em um canto do shopping e rapidamente delinearam a estrutura educacional adequada para a cidade. A ideia inicial foi oferecer dez cursos para formação de tecnólogo, com duração de dois anos e mensalidades de R$ 199,00. Era o momento de entrar em Campinas, mas onde exatamente? O local ideal se revelou, de novo, pela Rodovia Anhanguera. Quem segue no sentido São Paulo-Campinas nota que do lado esquerdo da estrada, na altura do aeroporto de Viracopos, há alguns distritos industriais. Na época, esses conglomerados abrigavam cerca de 400 mil habitantes, o equivalente à população de Jundiaí, e sem faculdade. Carbonari começou a percorrer esses bairros em busca de galpões. E encontrou o lugar perfeito. O projeto foi aperfeiçoado, protocolado no MEC e aprovado em apenas seis meses. Pouco tempo depois, foi aberta a Faculdade Comunitária de Campinas, com 500 vagas. Mais uma vez, o interesse dos alunos foi grande.

– Congestionou! O Alex teve a percepção exata! E a maioria dos candidatos pertencia à classe de jovens trabalhadores do comércio e da indústria – diz Carbonari.

No ano seguinte à implantação do projeto em Campinas, com a mesma estratégia de buscar áreas próximas à rodovia, para facilitar o acesso dos alunos e funcionários, infraestrutura simples, gestão eficiente, mensalidades baixas, aulas noturnas e cursos voltados para o mercado de trabalho, foi criada a unidade de Jundiaí.

Foi quando a Anhanguera começou a se tornar um organismo de "conveniência de bairro" e não de "centro". Significa dizer que a instituição consolidava cada vez mais seu conceito: **ser dirigida ao aluno que precisa trabalhar durante o dia e, no caminho de volta, para na faculdade, assiste às aulas e retorna para casa, sem nem mesmo pagar duas conduções**.

Nesse momento, o número de cursos já fora bastante ampliado. Em Valinhos, o forte eram as diferentes especialidades na formação como Tecnólogo. Em Jundiaí eram nada menos que seis programas na área de

Engenharia. A demanda era analisada a partir de pesquisas de opinião dos estudantes do ensino médio de cada município a cada seis meses. Entre dez opções, prioritariamente o aluno escolhia três. Um modelo ajustado ao perfil dos habitantes das cidades do interior do Estado de São Paulo. Isso estava claro, em um primeiro momento, para as próprias administrações municipais. As prefeituras logo perceberam que o fato de ter uma faculdade local criava um efeito dominó de desenvolvimento. Com a formação de mão de obra, as empresas industriais e comerciais eram atraídas para instalar novos negócios. E, assim, empregos eram criados. Os setores de educação e saúde também recebiam muitas solicitações dos prefeitos e ganhavam profissionais qualificados. Isso fazia com que a municipalidade tivesse mais segurança ao contratar funcionários para os postos de saúde e hospitais.

Foi exatamente essa a mudança vislumbrada em 1989 pela prefeitura de Leme, quando da construção da primeira faculdade, e que se tornou palpável anos depois, com o aumento dos investimentos na cidade e das condições de vida da população. Nos últimos 20 anos, o IDH (Índice de Desenvolvimento Humano) subiu de 0,777 para 0,796, sendo o da educação do município 0,860.

Era a consolidação das Faculdades Anhanguera. Mas, nessa primeira fase, vale lembrar, tanto Carbonari quanto Poli ainda eram funcionários da Universidade São Francisco. Em 1998, Poli decidiu sair para se dedicar integralmente à Anhanguera. Por sua vez, Carbonari, além de administrar a USF e as próprias faculdades, que começavam a crescer, acumulava a atividade como consultor particular. Naquele mesmo ano, Frei Constâncio Nogara cortou o cordão umbilical:

– *Caro amigo professor, eu vou desligá-lo no ano que vem, porque você tem um escritório de consultoria, tem a sua instituição, acho que está na hora de crescer.*

– *É para eu crescer ou para me mandar embora?* – quis saber um inconformado Carbonari, sempre apaixonado pelo trabalho.

– *Os dois* – foi a resposta lacônica do sábio franciscano.

– *O senhor tem algum problema comigo?* – insistiu o mestre.

Não havia nada. O fato é que a gestão da USF estava mudando. E o religioso, antevendo possíveis divergências, tomou a decisão acertada.

Sem entender muito bem, Carbonari aceitou a demissão. Mas uma boa surpresa o aguardava: o mesmo Frei Constâncio o contratou como seu consultor pessoal, pelos dois anos seguintes, trabalhando a distância, por telefone, com o mesmo salário de pró-reitor. Santo homem e visionário, diz sempre Carbonari.

– *Foi a melhor ponte que alguém poderia ter para atravessar o Rio Jordão...* – pensaria anos mais tarde, depois de cruzar as margens que separavam as primeiras faculdades por ele criadas do importante grande grupo educacional que estava surgindo.

Capítulo 5

Um marco pedagógico

Capítulo 5

Um marco pedagógico

No final da década de 1990, evidenciava-se em todo o Brasil o aumento no número de faculdades e universidades particulares. Conduzir esse desenvolvimento era um dos principais focos de atuação do Ministério da Educação, então sob o comando de Paulo Renato Souza. O movimento acompanhava as diretrizes da política do governo de Fernando Henrique Cardoso para as Instituições de Ensino Superior (IES), desde o seu primeiro mandato como presidente da República, no período de 1995 a 1998. Alguns números podem explicar essa prioridade: nos últimos 15 anos, a expansão do ensino superior registrara um crescimento limitado a 20% no número de matrículas e de 26% no de cursos, bem como uma redução de 3,5% na quantidade de IES. No mesmo período, o número de alunos matriculados permaneceu praticamente o mesmo.

Iniciado em meados dos anos de 1970, o fenômeno da globalização continuava a produzir maior impacto na economia brasileira. O acelerado estabelecimento de companhias multinacionais no País criou uma forte pressão no mercado de trabalho. Os reflexos da necessidade de fomentar a instrução universitária se manifestaram nas políticas para a criação de currículos mínimos, que permitiriam encurtar o período de duração dos programas e, com isso, acelerar a obtenção de diplomas pelos profissionais que passaram a ser demandados pelo crescente mercado de trabalho. Essas políticas envolveram diretrizes curriculares, sistema de avaliação e de financiamento, regulamentação das profissões, autorização e reconhecimento dos cursos, entre outras diretivas, a partir da promulgação da Lei n. 9.394 de Diretrizes e Bases da Educação Nacional (LDB), em 1996.

No ano seguinte, o MEC apresentou o Plano Nacional de Educação. Dados da proposta mostravam que havia um déficit do ensino superior brasileiro em relação a outros países da América do Sul. Apenas comparativamente, para alcançar o modelo da Argentina, nosso país deveria triplicar o acesso da população com idade entre 19 e 24 anos ao nível acadêmico: no país vizinho, 36% da população nessa faixa etária era de universitários, enquanto no Brasil apenas 12% integrava esse grupo.

A LDB já previa meios para viabilizar a ampliação de vagas. Seu artigo nº 20 promoveu formalmente a diferenciação institucional no setor particular. Com isso, as IES passaram a ser classificadas como "privadas com e sem fins lucrativos" (confessionais, comunitárias e filantrópicas). As primeiras deixaram de se beneficiar diretamente de recursos públicos e de maneira indireta da renúncia fiscal, enquanto as demais permaneceram imunes ou isentas à incidência tributária. Até então somente podiam ser mantenedoras as entidades sem fins lucrativos ou filantrópicas. Na prática, após a LDB, qualquer pessoa física ou jurídica, com ou sem fins lucrativos, passou a ter a possibilidade de manter faculdades ou universidades.

O MEC entendia ser necessário criar formatos diferentes de ensino superior, inserindo novos atores competitivos. Isso estimularia a concorrência interna no setor privado. Por outro lado, o processo de implantação das públicas, especialmente as federais, foi desacelerado. O sistema tornou-se bastante flexível, ao mesmo tempo em que estabelecia mecanismos de controle da qualidade oferecida e das condições estruturais das IES – algo mensurado por meio do Exame Nacional de Cursos, o antigo provão.

Anos mais tarde, essa flexibilidade se estenderia também aos cursos, com a abolição dos Currículos Mínimos Profissionalizantes, que engessavam o ensino como um todo. Em substituição a eles, a Câmara de Superior do Conselho Nacional de Educação aprovou, em 2003, o parecer que continha todo o referencial para as Diretrizes Curriculares Nacionais dos Cursos de Graduação. Longe de ser um conjunto de normas rígido, cada uma delas deveria induzir a criação de diferentes formações e habilitações para as distintas áreas do conhecimento. A proposta era possibilitar a definição de múltiplos perfis profissionais, garantir maior diversidade de carreiras e promover sinergia entre ensino de graduação e pós-graduação, privilegiando, no perfil dos formandos, "as competências intelectuais que reflitam a heterogeneidade das demandas sociais".

Sem dúvida, a nova LDB e todas as subsequentes mudanças, seriam fundamentais para que, em 1998, as faculdades criadas desde 1994 pelo professor Antonio Carbonari Netto atingissem o final do primeiro ciclo de crescimento, rumo à plena maturidade. Concluída a expansão de seus cursos superiores e de sua base física, a instituição entrou em uma segunda etapa, marcada pela otimização e qualificação de seus currículos e projetos pedagógicos, que se estenderia até o início da década seguinte. Para isso, foi necessário elaborar um plano de desenvolvimento regional. Juntamente com seus sócios, os professores José Luis Poli e José Norberto Comune, Maria Elisa Ehrhardt Carbonari e seu filho Erik, Carbonari, depois de Leme, Valinhos, Campinas e Jundiaí, planejou e implantou novas unidades.

A distância, Valmor Bolan comemorava o sucesso dos amigos Poli, Comune, Maria Elisa e Erik, liderados por Carbonari, a quem via como muito mais do que apenas um bom gestor. Carbonari era, em sua opinião, um líder nato, mas com espírito franciscano de ensino, que concebera um padrão de gestão do qual extraíam parâmetros todos

Ensinando a ensinar: Carbonari em palestra a estudantes de Pedagogia, na Anhanguera

os seus sócios e aqueles que com ele trabalhavam – um modelo de gestão comunitária, centrada nos alunos, com valores agregados e contínuo questionamento sobre a validade de tudo o que vinha sendo desenvolvido. E ele fazia perpetuar esses pilares com a promoção do espírito participativo, envolvendo a todos nos processos. O antigo empregador de Carbonari sabia que aquela não era, em hipótese alguma, uma educação mercantilista, assim como a metodologia não estava encerrada em conceitos técnicos e tecnológicos.

Desde que assumira a docência no curso de Direito, em 1994, o professor Carlos Afonso Gonçalves da Silva vinha desenhando uma trajetória ascendente em Leme. Além disso, graças a essa disposição de gestão compartilhada, marca da instituição, ele acompanhava de perto o crescimento e entendia quais eram os critérios desse processo. É claro que havia uma equipe de especialistas dedicada aos estudos de potencial de cada uma das cidades. Sinal de que, bem distante daquele dia de "pesquisa informal" no shopping de Campinas, se avançava no caminho da profissionalização. Esses levantamentos apontavam uma preferência para os grandes centros em crescimento. Mas a prioridade era instalar as novas unidades nas periferias deles, onde, de maneira geral, ninguém mais tinha intenção de implantar cursos superiores.

Em 1997, quando teve início o processo de transformação das faculdades isoladas em integradas, foi implantada a unidade de Pirassununga, a 133 km de distância da nova sede administrativa do Complexo Universitário Anhanguera, localizada no município de Valinhos. O professor Carlos Afonso foi convidado a assumir a direção do Centro Universitário Anhanguera, com sede em Leme, e aceitou de imediato. Assim como ele, outros colegas da docência eram frequentemente promovidos por suas competências e habilidades para coordenadores de curso, diretores de unidade e supervisores regionais, que Carbonari era capaz de notar, mesmo que essas qualidades não estivessem assim tão transparentes. Assumiu também como fundamentais o comprometimento e a lealdade com o projeto de instituição que estava nascendo. Com essa descentralização e confiança em seus amigos docentes, Carbonari e seus sócios concentraram esforços na sede da entidade mantenedora para planejamento de novas unidades e integração das existentes, enfim, promovendo o embrião daquilo que viria a ser a maior corporação de ensino superior no Brasil. Começou a nascer, assim, um grande grupo de faculdades com cursos superiores modernos, com projetos pedagógicos voltados para o mercado de trabalho e com vistas à inclusão social de jovens trabalhadores, que só poderiam estudar no período noturno, pois trabalhavam durante o dia.

O estudo de viabilidade para abertura de novos cursos, com custos acessíveis, não era o único tipo de levantamento encampado pela Anhanguera para atuar de maneira estratégica e dentro de padrões de qualidade. Sempre houve preocupação com a melhoria constante da qualidade do ensino oferecido, a satisfação dos alunos e professores e a infraestrutura física de apoio ao aprendizado. Desde o segundo ano de funcionamento, em 1995, ainda na unidade de Leme, houve interesse em criar um sistema capaz de mensurar a satisfação dos alunos. Assim, surgiu o Programa de Avaliação Institucional (PAI), com instrumento específico de coleta de dados e informações que permite fazer uma radiografia da performance de professores, diretores, coordenadores e funcionários administrativos, além de avaliar as condições da infraestrutura. Os questionários, com cerca de 200 perguntas, até hoje são aplicados duas vezes ao ano. Pelas normas do MEC, esse tipo de índice deve atingir ao menos 50% de satisfação e, pelas normas de Carbonari, o mínimo de 70%. Abaixo disso, os professores são obrigados a melhorar seu desempenho por meio de cursos de reciclagem ofertados pela própria instituição, que vão de aulas com fonoaudiólogos até revisão de conteúdos. Mantido um padrão inferior ao mínimo por três avaliações consecutivas, os profissionais apontados no relatório são substituídos.

– *Vamos usar esse nome, porque é a sigla de Programa de Avaliação Institucional, mas também faz referência aos franciscanos, que viviam dizendo "em nome do PAI"* – disse Carbonari com um sorriso ao anunciar o programa em uma das reuniões de diretoria.

Bom humor à parte, o PAI passou a balizar não apenas a qualidade da instituição de modo global, como também os eficientes resultados de sua metodologia, que seriam alvo de dissertações de mestrado e teses de doutorado anos mais tarde. Para obter um panorama da opinião dos professores sobre a instituição, Carbonari criou, juntamente com o prof. Poli, o Índice de Satisfação Discente (ISD), em que são avaliados coordenadores de cursos, professores, funcionários e toda a infraestrutura do espaço, além de currículos, programas, ementas e estrutura física dos laboratórios. Uma vez por ano, as opiniões são coletadas, sistematizadas e transformadas em índices e servem para orientar o Plano de Melhorias para o período letivo subsequente.

Antes do final daquela década, também visando à qualificação, dois programas do governo federal contribuiriam para mudar os horizontes da educação superior no Brasil, o que traria benefícios para estudantes, faculdades e universidades.

Em 1998, o ministro da Educação, Paulo Renato Souza, apresentou o Exame Nacional do Ensino Médio (Enem), a primeira iniciativa de fazer uma análise geral do sistema educacional implantado no País. O objetivo inicial era avaliar anualmente o aprendizado dos alunos para auxiliar o MEC na elaboração de políticas pontuais e estruturais de melhoria dos Parâmetros Curriculares Nacionais (PCN). Mais tarde, já no governo Lula e no atual, seu resultado passaria a servir como ponte de acesso às faculdades e universidades públicas brasileiras e algumas de Portugal, através do Sistema de Seleção Unificada (SiSu), implantado em 2009.

Em 1999, as IES particulares passaram a contar com o mecanismo do Fundo de Financiamento ao Estudante do Ensino Superior (FIES), criado pelo MEC, com a proposta de custear a graduação daqueles que não tivessem condições financeiras para pagar as mensalidades. O programa, que substituiu o Crédito Educativo, de 1976, é coordenado pelo Fundo Nacional de Desenvolvimento da Educação (FNDE) e operacionalizado pela Caixa Econômica Federal e pelo Banco do Brasil. Por meio deles, os estudantes têm um prazo de até 18 meses após a formatura para começar a quitar o financiamento com juros baixos e subsidiados pelo governo federal.

Às vésperas do século XXI, o cenário que se via pela frente era bastante favorável à continuidade do desenvolvimento da Anhanguera, mas nem tudo transcorria em paz. Ao realizar seus estudos de viabilidade para implantar novas unidades, em alguns momentos Carbonari sofreu a pressão de opositores, que começaram a criar boatos sobre associações que estariam "fora de parâmetros do MEC, inovações infundadas, currículos irregulares etc.". A um jornal do interior de São Paulo, em 12 de maio de 2000, ele declarou com sua característica transparência:

– *Toda inovação incomoda, produz desconforto, perturba o mar calmo dos que querem apenas a inércia, e eu tenho estudado formas de relacionamento entre as instituições de ensino, novos modelos de convivência educacional e também alternativas legais (nunca contrárias à lei) para o crescimento das pequenas faculdades. Aquilo que a lei não proíbe é lícito fazer. Coisas diferentes podem e devem ser criadas. A modernidade não pode deitar-se no marasmo. Pode ser que essas teses tenham incomodado outras pessoas. A inovação incomoda e põe terror nos adversários desonestos. Até então muitas entidades mantenedoras sentiam-se estáveis como num cartel.*

Para Carbonari, as oposições às suas ideias e aos novos projetos, o crescimento de suas instituições, a grande aceitação pelos alunos do binômio custo acessível/qualidade oferecida – era aquilo era os concorrentes não queriam, pois teriam que mudar, modernizar seus currículos e projetos etc. Algo de cunho pessoal motivou muitas oposições. Sentia-se atropelado por um grande trator. Os oposicionistas, com uso e abuso da força, pensavam que tudo podiam, incluindo macular sua imagem de educador com mais de 25 anos de magistério.

E, assim, foi dada continuidade à terceira expansão da Anhanguera, marcada pela reorganização estrutural, administrativa e financeira, com o ingresso de novos parceiros-sócios e investidores. Com ótimas avaliações e a satisfação externada anualmente por alunos e professores, a instituição começou a ganhar escala. O avanço pelo estado de São Paulo, ancorado nesses resultados, seguia seu curso. Das 240 vagas iniciais, a Anhanguera somava mais de 14 mil estudantes em apenas seis anos.

Para chegar a isso, duas grandes batalhas haviam sido vencidas: a aprovação, pelo MEC, de novos cursos e a autorização para o aumento no número de vagas. Na diretoria financeira, o prof. José Luiz Poli acompanhava a entrega absoluta e diária dos resultados dos trabalhos planejados. Os embates com o Ministério eram, muitas vezes, agressivos e podiam durar dois ou três anos. Com o atendimento dos índices exigidos de qualidade, a Anhanguera queria conquistar mais autonomia, mas o órgão do governo federal não concordava. Mergulhado nessa batalha, Carbonari unia serenidade e flexibilidade para negociar.

E havia outro impasse: crescer ainda mais dependeria, é claro, de recursos financeiros. Havia forte concorrência no setor educacional, o que o forçava a tomar uma decisão urgente: ou vendia tudo para não ser "engolido" ou procurava superar seus competidores. Líder nato e agressivo, ele escolheu a segunda opção. O grande projeto pedagógico que ambicionava – a prerrogativa de promover a inclusão social e a ascensão de milhares de brasileiros por meio da educação – tinha um custo. O desejo de mudar o destino desses jovens trabalhadores tinha um custo. Mas como buscar dinheiro? O empréstimo bancário tinha juros altíssimos e, por experiência, ele sabia que isso não seria suficiente.

Naquele mesmo ano, Carbonari começou a pensar seriamente em um projeto de maior fôlego: criar uma sociedade anônima. Seria algo inédito, já que nenhuma empresa educacional brasileira trilhara esse caminho ainda. Mesmo nos Estados Unidos, a entrada das instituições de ensino na bolsa de valores começou a ganhar fôlego apenas nos primeiros anos da década de 1990, em escala muito pequena. Para dar asas à ideia, entendeu que seria necessário, antes, formar uma estrutura, inicialmente ampliando o número de sócios.

A oportunidade para isso surgiria dos relacionamentos que fez a partir de 1998, quando se candidatou pela primeira vez a uma das diretorias do Sindicato das Entidades Mantenedoras de Estabelecimentos de Ensino Superior no Estado de São Paulo (Semesp), que representa cerca de 700 estabelecimentos no Estado. O Semesp participou ativamente na formulação, sugestão de emendas e aprovação da LDB de 1996. Também atuou na Assembleia Constituinte, em 1987, no capítulo relativo à educação, em especial na defesa intransigente da livre iniciativa para explorar ou se dedicar ao ensino superior, assuntos que também atraiam Carbonari.

Encabeçando a chapa naquele ano, como candidato à presidência, estava Gabriel Mário Rodrigues, então diretor-presidente da entidade mantenedora da Universidade Anhembi-Morumbi (UAM), que aceitou de bom grado em sua diretoria alguém novo, com disposição para o trabalho.

Também na atividade sindical reencontrou o amigo Hermes Ferreira Figueiredo, reitor da Universidade Cruzeiro do Sul, da capital paulista. Eles se conheceram quando Carbonari ocupava o cargo de pró-reitor acadêmico da Universidade São Francisco e mantinha, em paralelo, seu escritório de consultoria. Figueiredo o procurou para discutir um projeto de transformação da Cruzeiro do Sul, então uma faculdade isolada em Universidade. Embora não tenham levado a proposta adiante, os dois se tornaram grandes amigos. E, agora, ele seria o vice-presidente de Gabriel Rodrigues.

Vencidas as eleições e atuando como diretor de Relações Institucionais, Carbonari colocou em prática toda a sua capacidade de diálogo e a facilidade de entrosamento com os sindicatos profissionais e com os políticos, em particular, da Câmara dos Deputados e do Senado Federal.

Nos anos seguintes, ele permaneceu no Semesp, destacando-se como vice-presidente do segmento de faculdades e centros universitários. Outra importante amizade foi firmada com Luiz Antônio Barbagli, então presidente do Sindicato dos Professores de São Paulo (Sinpro-SP), que se impressionou de imediato com a capacidade do gestor universitário para negociar na mesa de direitos trabalhistas, sem perder o foco na necessidade de fazer concessões e aceitar as reivindicações dos professores. Foi também no Sindicato onde surgiu outro importante relacionamento: com o advogado José Roberto Covac. Logo, os dois também passaram a manter uma relação de trabalho, uma vez que o jurista foi convidado a defender causas fiscais e tributárias da Anhanguera.

Naquele ano, o nome de Antonio Carbonari passou a ganhar força nos círculos educacionais da capital e interior de São Paulo. Temido

Carbonari com Ilmar Galvão, ministro do Supremo Tribunal Federal entre 1991 e 2003

por uns, odiado por outros, independentemente de qualquer coisa, ele era visto mesmo como um forte concorrente.

– *O Carbonari, com a Anhanguera, foi um marco divisor na maneira como nós do segmento entendemos as IES. Tínhamos muita paixão e às vezes deixávamos de lado os custos. Quando percebíamos, estávamos sem alicerce para progredir, avançar, criar outra unidade, reformar laboratórios. Dirigia-se com o coração. Ele despertou a atenção do segmento. Disse a todos para, sem deixar a paixão de lado, começarem a cuidar do caixa, ou seriam engolidos. Ele foi um visionário, um revolucionário, porque esta é a tendência hoje – e foi o precursor de toda modernização organizacional das entidades de São Paulo e do Brasil*, declarou o professor Hermes Figueiredo.

Seguindo essa corrente, muitos empresários do setor começaram a buscar a profissionalização. Passaram a contratar gerentes para as áreas de Finanças, Tecnologia de Informação, Contabilidade, Recursos Humanos, entre outras.

Carbonari começou com a transformação das Faculdades Franciscanas em Universidade São Francisco (Bragança Paulista, Itatiba e São Paulo), deu orientação e consultoria em várias outras organizações que pretendiam sua transformação em universidade ou centro universitário: Universidade de Guarulhos/SP, Universidade Anhembi-Morumbi/SP, Universidade Paulista/SP, Universidade Nove de Julho/SP, Universidade Ibirapuera/SP, Universidade Católica de Santos, Universidade do Sul de Santa Catarina, Universidade Santa Cecília dos Bandeirantes/SP, Centro Universitário Salesiano/SP, Universidade Salesiana Dom Bosco de Campo Grande/MS, Universidade Potiguar/RN, Centro Universitário Nossa Senhora do Patrocínio/Itu-SP e outras instituições.

De todos os relacionamentos que construiu durante a atuação no Semesp, foi a convivência com Gabriel Rodrigues que lhe rendeu os frutos que esperava colher havia algum tempo. O diretor-presidente da mantenedora da UAM acabou se tornando o sócio que Carbonari procurava. Em 2002, Rodrigues e seus familiares compraram 50% das ações da Anhanguera e sua chegada fez com que a instituição somasse mais forças e um conjunto de competências para dar um importante salto expansivo. A outra metade das ações ficou com as pessoas físicas que já eram proprietárias daquelas cotas. Era, na prática, uma S.A. fechada. Pelo menos por enquanto. Juntos, eles começaram a preparar a transformação das mantenedoras das faculdades em uma S.A. aberta, para seu futuro lançamento na Bolsa de Valores.

O capital ingressante nessa primeira da venda foi destinado majoritariamente a quitar dívidas, incrementar os laboratórios e fazer algumas benfeitorias na estrutura física dos prédios das unidades. Benefícios também se fizeram notar na área acadêmica, com a implantação de um Regulamento do quadro de carreira docente efetivo, com mais critérios de promoção e ascensão aos docentes, inclusive com bônus pela produção.

O próximo passo foi contratar o Pátria Investimentos, uma das principais empresas de gestão de investimentos e consultoria empresarial do Brasil, que já prestava assessoria para a faculdade, mas que, em busca de um investimento no setor de educação, investiu R$ 120 milhões no projeto. A reestruturação da Anhanguera teve início em 2003 e se estendeu até 2006. Foram quatro anos em que o Pátria passou a cuidar das finanças e da área administrativa, processo no qual sobressaiu a figura do jovem administrador Ricardo Leonel Scavazza, executivo da empresa, com grande sensibilidade ao mercado, que assumiu, juntamente com uma equipe de profissionais do Pátria, a superintendência financeira da entidade. Com ele vieram mais alguns excelentes profissionais da área financeira e de recursos humanos. Sob a presidência de Carbonari e a superintendência financeira de Scavazza, o desenvolvimento da Anhanguera foi impressionante. Não pode ser deixado de lado o exímio e competente trabalho realizado pelo vice-presidente administrativo da época, o prof. José Luis Poli, com sua visão matemática e precisa. Nessa mesma época, foi criado o Comitê de Inovação e Engenharia Pedagógica, presidido pelo próprio Carbonari que reestruturou novamente todos os projetos pedagógicos dos cursos, tornando-os enxutos e efetivamente voltados para o mercado dos jovens trabalhadores. Com isso, muitos dos custos indiretos foram baixados, inclusive as mensalidades, fazendo com que mais alunos carentes pudessem ter acesso ao ensino superior.

No mesmo ano da chegada dos assessores do Pátria, a Anhanguera instalou novas unidades, duas em Campinas, uma em Jundiaí, uma em Valinhos e outra em Matão, todas elas no interior do Estado de São Paulo.

Ao verificarem os balancetes, os executivos do Pátria balançaram suas cabeças positivamente animados. Os números eram demasiado bons. Com certeza, a operação teria sucesso e seria um projeto grandioso. A expectativa era a entrada de milhões de reais para o suporte das atividades educacionais se houvesse o ingresso na Bolsa de Valores, em ações. Para isso, bastaria somar, na fusão de interesses, a visão de *private equity* a perspectivas dos grandes educadores. Foi quando a Anhanguera decolou e aprimorou ainda mais a qualidade de seus programas de ensino, em razão inclusive, dos novos recursos obtidos via venda de ações na BM&FBovespa.

Pouco a pouco, o grupo ia buscando sua profissionalização. Deixava de ser uma empresa familiar para adentrar o mundo das rígidas regras da governança corporativa.

– *É hora de começarmos a investir em gestão e qualidade dos serviços educacionais prestados, porque a quantidade virá* a fortiori – preconizou Carbonari aos colegas de diretoria.

Da mesma forma, insistia que era preciso deixar de ser *dono* para ser *executivo* de uma grande empresa, assim, o antigo dono, que decidia pela sua vontade, transformou-se num grande executivo de uma organização, a primeira sociedade anônima aberta do Brasil, agora perseguindo metas e resultados e não estilos pessoais ou vontades. Desagarrou-se do conceito de dono. O que muitas instituições não conseguiram até hoje.

Não fosse essa uma prioridade pessoal do gestor da Anhanguera, em breve a questão qualidade seria não apenas exigida pelo MEC, como também mensurada, pois, em 2004, o Exame Nacional de Desempenho de Estudantes (Enade) foi criado para substituir o antigo Provão, o Exame Nacional de Cursos, com o objetivo de aplicar uma avaliação aos alunos ingressantes e concluintes. Por meio dele, o Ministério pretendia ter condições de analisar anualmente os cursos de ensino superior.

Outro importante investimento para manter os padrões de qualidade elevados ocorreu em 2005, com a criação do Programa do Livro-Texto (PLT) com vistas a facilitar o processo de aprendizagem dos alunos.

Tudo começou em um dia normal de trabalho, na sede das Faculdades de Valinhos. Precisando de alguns livros, Carbonari pegou seu carro e dirigiu até Campinas, rumando diretamente para o centro da cidade, onde fica a pequena Livraria Pontes, gerenciada pelo amigo José Reinaldo Pontes, a quem conhecia desde os tempos do Ginásio. Admirador do alto padrão cultural do livreiro, o professor também gostava de passar ali para um bate-papo com café. Remexendo nas prateleiras, ele encontrou alguns bons títulos de Administração e Direito e comentou com Pontes que gostaria de comprar cem livros para a biblioteca de uma das unidades da Anhanguera.

– *Se comprar tudo isso, te dou 10% de desconto* – disse o amigo livreiro.

Acostumado a aproveitar um bom negócio quando diante dele, o presidente da Anhanguera fez a contraoferta e conseguiu desconto de 20% e o parcelamento em três vezes. Já ia saindo pensando no pedido que faria mais tarde por telefone, quando voltou e perguntou:

– *E se eu comprar mil livros?*

Nesse momento, os dois entraram em uma negociação digna de mercado persa: 25% para o milheiro; 28% para cinco mil exemplares e assim por diante. Carbonari acabou comprando os cem livros iniciais que precisava, mas uma inquieta pulga se alojou atrás de sua orelha...

Decidiu procurar as grandes editoras do segmento de livros científicos, técnicos e profissionais, aptas a trabalhar com tiragens gigantescas. Encontrou portas fechadas na maioria delas, mas viu suas expectativas começarem a ganhar corpo ao procurar a Pearson Educação, uma das mais respeitadas editoras do segmento de educação em todo o mundo, fundada há 150 anos e presente em cerca de 70 países.

Carbonari precisava de dois mil exemplares de um livro de Teoria Geral da Administração, mas a Pearson não aceitou uma tiragem inferior a cinco mil. No entanto, a margem de desconto era extremamente vantajosa, para não dizer irrecusável. E foi justamente desse impasse que surgiu a ideia de Carbonari criar o Programa do Livro-Texto.

De volta a Valinhos, Carbonari se reuniu com Poli e Maria Elisa, e juntos lançaram-se àquilo que melhor faziam: cálculos. Feitas as contas, o entendimento a que chegaram é que seria preciso criar escala. E o segredo estava na unificação dos currículos de todas as unidades da Anhanguera. Apenas o curso de Administração – ofertado em Leme, Valinhos, Jundiaí e nos dois *campi* de Campinas – somaria os cinco mil da tiragem inicial.

Saíram, então, em busca da compra de direitos dos mais consagrados autores do assunto, mestres e doutores da Universidade de São Paulo, Fundação Getulio Vargas e de outras tão conceituadas quanto essas. E a Pearson ainda havia acordado que as obras fossem publicadas com a capa definida pela própria Anhanguera. Ao final de dois anos, o PLT estava totalmente implantado, não apenas em Administração, como em todos os demais programas. Tudo funcionou perfeitamente, ou quase...

O que fazer a respeito dos livros da disciplina de Topografia, que só existia no curso de Engenharia Civil? Como ter volume para a tiragem?

Carbonari procurou a Pearson novamente e negociou. Com a garantia da compra dos demais, conseguiu o mesmo desconto para os 500 livros de Topografia (e de alguns outros de pequena escala), pagando adicionalmente apenas a capa.

Com isso, Carbonari também colocava um ponto-final em uma prática que havia digerido muito mal em seus tempos de graduação: as ilegais fotocópias de livros, normalmente indicadas por professores de faculdades e universidades brasileiras. Como tinha condições, ele sempre comprava seus próprios livros, mas muitos colegas, mesmo que pudessem, preferiam apenas copiar os capítulos indicados pelos mestres e deixados à disposição na secretária.

– *Isso é uma desonestidade, não estão pagando direitos autorais. É um negócio criminoso* – esbravejava o jovem professor de cursinho, que sabia muito bem o que significava isso.

Afinal, ele também era autor das apostilas de Matemática de cursinhos preparatórios aos grandes vestibulares do País.

A direção da Anhanguera adotou a prática de atualizar o conteúdo das obras do PLT a cada dois anos. Supervisores de cada uma das áreas

Carbonari: leitor voraz e incentivador
da leitura acadêmica através do PLT

foram contratados para analisar os melhores títulos e autores daquele determinado segmento/disciplina. O programa tornou-se a espinha dorsal dos cursos, o sistematizador das aulas, e parametrizou o processo de ensino-aprendizagem. Com isso, mesmo que um professor deixe alguma das unidades na metade do ano, seu substituto tem condições de seguir exatamente do mesmo ponto onde o assunto foi suspenso. Esse programa, atualmente, já atingiu a marca de mais 1,5 milhões de exemplares só em 2014.

Os livros do PLT custam em média 20% do valor de capa dos livros em livrarias do mercado, isso em razão da escala, é claro. Isso significa que, com o custo de um livro no mercado aberto, o aluno compra os cinco livros adotados no semestre todo – e ainda com pagamento parcelado. Foi o primeiro programa sistematizado e implantado no ensino superior do Brasil e, talvez, das Américas.

Em 2005, além de dar continuidade à expansão da Anhanguera, com a abertura da unidade em Santa Bárbara D'Oeste (SP), Carbonari deu mais uma contribuição ao setor educacional. Ao lado do amigo José Janguiê Bezerra Diniz – que se tornaria fundador de um dos maiores conglomerados de ensino do País, o Grupo Ser Educacional –, ele fundou a Associação Brasileira das Faculdades Isoladas e Integradas (Abrafi), que ainda mantém ambos, respectivamente, como vice-presidente e presidente. Essa associação nasceu para fortalecer o apoio às pequenas e médias instituições de educação superior do país, uma vez que, nas outras associações, tinham pequena representatividade. Lembram, tanto Carbonari como Janguiê que, no início, por uns três ou quatro anos, eles dois, com recursos próprios, "bancaram" a Abrafi, inclusive com aluguel de sala própria em Brasília, para que as outras entidades mantenedoras tivessem um local físico de apoio para suas operações na capital federal, especificamente para suas solicitações junto ao MEC.

Também naquele ano foi institucionalizado pela Lei nº 11.096 o Programa Universidade para Todos (ProUni), do governo federal, um dos maiores projetos de acesso ao ensino superior do País. Por meio do ProUni, as entidades mantenedoras, de qualquer natureza jurídica, têm como contrapartida a isenção de tributos federais ao oferecerem bolsas de estudo integrais e parciais de 50% para cursos de graduação ou sequenciais para formação específica, em instituições privadas, com ou sem fins lucrativos.

Com participação efetiva de Antonio Carbonari, a iniciativa de inclusão social também viria a favorecer a expansão das IES e da própria Anhanguera. Ocupando uma posição de destaque na Associação Brasileira de Mantenedoras de Ensino Superior (Abmes), presidida por seu sócio Gabriel Rodrigues, ele mantinha contato estreito com o então secretário executivo do MEC, Fernando Haddad, na gestão do ministro Tarso Genro.

Certo dia, durante uma reunião de trabalho com representantes do segmento, o secretário executivo comentou que estava aperfeiçoando uma ideia que sua esposa, a também professora Ana Stella, havia proposto: criar um programa de bolsas de estudo nas faculdades e universidades em troca de isenção tributária. O problema é que, de acordo com Haddad, ainda não havia apoio de todos por parte do governo. Por isso mesmo, ao se reunir com a cúpula da Abmes – Carbonari, Rodrigues e Covac –, ele esperava obter das instituições o quórum necessário para quebrar resistências.

No entanto, a maior parte das IES brasileiras estava caracterizada como "sem fins lucrativos", portanto isentas do pagamento de impostos. Mesmo assim, em união com outras lideranças, o grupo da Abmes começou um trabalho junto ao Semesp em busca de apoio à ideia. Evidentemente, muitas instituições relutaram em aceitar as regras do ProUni, em particular as filantrópicas. Isso porque, pela lei, elas já eram obrigadas a conceder 20% das vagas gratuitamente. Foi então que começou a guerra. O grupo foi considerado "atravessador e traidor" na tentativa de apoiar o projeto. Ciente da importância desse respaldo, Haddad procurou o presidente da Anhanguera e disse:

– *Carbonari, quero abrir a porta para a inclusão social. Se eu conseguir, você põe o pé e não deixa mais fechar. Todas as instituições poderão ter benefícios de isenção tributária. Agora, se não passar no*

Congresso, vamos fazer só para as instituições que têm fins lucrativos – propôs o secretário executivo do MEC.

Entretanto, havia que se considerar: as pressões desses diversos segmentos eram legítimas. Por isso mesmo, o governo retrocedeu e não mais encaminhou, naquela oportunidade, o projeto da Medida Provisória nº 213, de 10 de setembro de 2004.

Para as IES enquadradas na mesma situação fiscal-tributária que a Anhanguera, a aprovação do ProUni seria vantajosa, já que não teriam mais a carga tributária de aproximadamente 8,5% pela isenção de impostos do IR, Cofins, PIS e CSLL. O matemático calculava que, se concedessem 8,5% de bolsas aos estudantes contemplados pelo programa, a situação fiscal-tributária se equipararia à de uma instituição sem fins lucrativos, mas com a grande diferença de que eles continuariam a ser uma S.A. No entanto, mais importante que isso, o ProUni caminhava ao encontro de tudo o que Carbonari vinha fazendo até então: ampliar substancialmente o acesso ao ensino superior para um grupo de brasileiros que, enfim, poderia ter uma real oportunidade de mudar seu destino.

Nesse ínterim, Haddad foi amarrando propostas de tal modo que as faculdades começaram a aderir.

– *Não posso obrigar, mas vou fazer uma política de fomento. Quem quiser financiamento no Fies deve estar inscrito no ProUni. O aluno, para ter Fies e ProUni, deve ter feito o Enem* – declarou.

Consciente, o gestor da Anhanguera sabia que o sucesso do programa, que permitiria legítima e ampla inclusão social, dependeria de qualificação. Mas esse quesito já estava atrelado aos critérios do Fies. Para ter direito ao financiamento, as instituições devem alcançar o conceito global: 3, 4 ou 5. Somados todos esses elementos, o Brasil chegaria à equação desejada e a uma resposta para a clássica pergunta que toda criança já ouviu um dia: "O que você vai ser quando crescer?".

Então veio a cartada final, o que, para Carbonari, demonstrou ser uma grande capacidade de visão do secretário executivo do MEC, depois ministro da educação e, atualmente, prefeito da Cidade de São Paulo. Uma alteração no texto da MP 213 autorizou as IES que aderissem ao ProUni a aumentar em 10% o total de sua oferta de vagas, imediatamente após assinarem o Termo de Adesão ao programa. Ainda, lembrando que o ProUni, de acordo com a lei, valia desde a assinatura do termo, por dez anos, prorrogáveis automaticamente por mais dez. Isso significou que as instituições com fins lucrativos seriam quase equivalentes às sem fins lucrativos – o que já, por si, seria um grande atrativo para elas. Grande ideia de fomento do Fernando Haddad.

Ainda assim, o ProUni tinha que ser aprovado. Carbonari, Rodrigues e Covac participaram de todo o processo. Semanalmente, compareciam às audiências públicas da Câmara e do Senado e ajudavam a alterar o texto na medida do que se fizesse necessário. Paralelamente, o projeto promoveu um intenso movimento democrático e motivou dezenas de reuniões entre o Semesp, a Abmes e as demais instituições do setor, como a Associação Brasileira das Universidades Comunitárias (Abruc), a Associação Nacional dos Centros Universitários (Anaceu) e o Conselho Nacional de Igrejas Cristãs do Brasil (Conic). Seminários e debates eram realizados e, desses encontros, cartas e propostas eram encaminhadas ao MEC. As entidades apontavam falhas, enalteciam pontos positivos e sugeriam modificações.

Ato contínuo, teve início o processo de negociação com o MEC e os representantes do Congresso Nacional, para onde foram encaminhadas mais de 290 emendas, visando à melhoria do Projeto de Lei. Se, de um lado, todas as reivindicações do setor privado não foram atendidas, de outro, o governo manteve basicamente os princípios do Programa, sobretudo o de possibilitar o acesso ao ensino superior de camadas carentes da sociedade ou das que sofrem com a falta de políticas afirmativas. Com todo o esforço do diálogo, chegou-se, enfim, a um acordo.

Para José Roberto Covac, as reuniões semanais no MEC deixaram mais que uma lembrança da luta para fazer aprovar o ProUni. Ele guardou o relato por escrito, assinado por Fernando Haddad, em que ele afirma: *"Você e o Carbonari foram os pais disso e o prof. Gabriel foi o presidente da Comissão de Reza, para dar tudo certo".* Em reconhecimento, na cerimônia por ocasião da celebração dos dez anos do Programa, em fevereiro de 2014, os dois foram convidados a palestrar na Comissão de Educação da Câmara Federal.

Carbonari deixou contribuições expressivas na redação da lei. A primeira foi sugerir uma proporcionalidade mais equilibrada na oferta de bolsas. A proposta inicial do governo, de 25% do total de vagas, certamente teria inviabilizado o Programa, porque dificilmente as IES teriam aderido. Outra importante sugestão dada pelo matemático foi a de conceder o subsídio a partir do primeiro ano, e não na totalidade do curso – o que daria mais fôlego para as IES. Sua marca também está implícita na negociação de algumas contrapartidas, como a criação de vagas adicionais em Medicina ou Direito – programas sobre os quais as instituições não têm autonomia para a ampliação do número total de alunos – para cada bolsa integral concedida. Por fim, ele articulou a possibilidade de as entidades filantrópicas modificarem seu *status* jurídico pagando a cota patronal proporcional em cinco anos até integralizar o pagamento.

> O ProUni se destina aos jovens que tenham cursado o Ensino Médio completo em escola da rede pública ou em instituições privadas na condição de bolsista integral (falta aprovar ainda uma ampliação dessas condições, possibilitando que os alunos também da rede privada, independentemente de terem sido bolsista ou não, ingressem no programa). Também a elas têm acesso os portadores de necessidades especiais, bem como os professores da rede pública, para os cursos de licenciatura e pedagogia, destinados à formação do magistério da educação básica.
>
> Na prática, no caso do ProUni, quem aderir ao programa, deve oferecer o subsídio de modo integral para, no mínimo, cada 10,7 estudantes regularmente pagantes e matriculados no período letivo anterior. Se preferir oferecer uma integral a cada 22 alunos, deverá conceder outras parciais cujo valor total corresponda a 8,5% da receita anual dos períodos letivos que já têm bolsistas do programa.
>
> Na primeira década de funcionamento, o ProUni ofertou mais de 1,9 milhões de bolsas. Dentre elas, pouco mais de um milhão foram integrais, para as quais só podem concorrer quem possui renda familiar bruta por pessoa de, no máximo, um salário mínimo e meio.

> O restante se constituiu em parciais de 50% para estudantes com renda de até três salários mínimos. Desde 2009, o Enem é utilizado como canal de acesso ao ProUni e serve, também, como certificação de conclusão do Ensino Médio em cursos de Educação de Jovens e Adultos (EJA), antigo supletivo, substituindo o Exame Nacional para Certificação de Competências de Jovens e Adultos (Encceja).
>
> Importa lembrar também que, na Lei do FIES, está explícito que, àqueles que estudam nas licenciaturas/pedagogia e medicina, fica concedido bonificação de até 100% do pagamento do empréstimo, se trabalharem em instituições públicas por até 100 meses, proporcionalmente. Segundo Carbonari, outra grande ideia do Fernando Haddad para o fomento do engajamento dos novos profissionais, financiados pelo programa, nas entidades, escolas e nos hospitais públicos, como contra pagamento do empréstimo devido.

Era o reflexo de um processo que vinha sendo realizado ao longo dos últimos três anos, quando, em 2003, a instituição organizou-se como uma companhia de capital aberto. Era o período mínimo de três anos de auditoria internacional nas contas, exigido de empresas que se preparam para entrar na Bolsa de Valores. Ao lado disso, também foram contemplados aspectos como treinamento de funcionários e a padronização de todos os procedimentos trabalhistas. Carbonari (proveniente do mundo acadêmico) aceitava entusiasmado e satisfeito as orientações da equipe do Pátria Investimentos, liderada pelo Ricardo Scavazza (proveniente do mundo financeiro), que, literalmente, ensinava toda a direção da Anhanguera a atuar como empresa multinacional. A mescla das competências profissionais da dupla Carbonari/Scavazza e suas equipes tinha conseguido levar a Anhanguera ao patamar otimizado e pronto para a Bovespa.

Com esses recursos financeiros e sem dívidas, a Anhanguera poderia fazer grandes mudanças, como reestruturação da carreira docente e do pessoal técnico-administrativo, reforma e melhoria dos laboratórios, ampliação da estrutura de alguns *campi* e instalação de novos prédios. Estavam, enfim, vários passos à frente no aspecto da qualidade. E isso abrangia a instituição como um todo: cursos, currículos, docentes, funcionários. O grupo se viu totalmente permeado pela noção de excelência depois de se unir àquele importante investidor.

Nesse momento também foi fundamental a participação de Maria Elisa Ehrhardt Carbonari. Mestre em Letras e doutora em Educação, primeira Diretora Acadêmica da Anhanguera, ela havia trabalhado em praticamente todas as áreas, exceto a administrativa-financeira, que sempre ficara sob os cuidados do professor Poli e, agora, de Scavazza. Em 2006, como vice-presidente de Programas Institucionais, Maria Elisa concentrou seu trabalho na área de responsabilidade social, porque, entre outros, este era um dos aspectos-chave no caminho até

Antonio Carbonari Netto discursa em cerimônia
de lançamento do ProUni, em São Paulo, 2007

Carbonari com José Serra, governador de São Paulo, Luís Ignácio Lula da Silva, presidente, e Tarso Genro, ministro da Educação, no lançamento do ProUni em São Paulo, 2007

a Bolsa de Valores, mas principalmente porque, agora estruturada, a Anhanguera estava pronta para contemplar esse quesito na prestação de contas de suas atividades.

Um intenso trabalho foi encampado pela professora. Não apenas porque elaborar um relatório de responsabilidade social era algo inédito, mas porque precisava vencer as resistências de um exigente Carbonari. Para transformar a ideia em realidade, meses de trabalho foram empregados na publicação que, uma vez finalizada, revelou a Anhanguera para um público muito mais abrangente. O relatório foi fundamental para cumprir com eficiência a meta de mostrar para a comunidade local, nacional e internacional os benefícios que a instituição que ajudará a criar estava trazendo para os brasileiros.

Desenvolvidas dentro do Programa de Extensão Comunitária (PEC), as ações de responsabilidade social com a comunidade do entorno das unidades incluíam, naquele ano: projetos de incentivo à leitura; faculdade aberta da terceira idade; alfabetização, inclusão e capacitação profissional de jovens e adultos; reforço escolar; inclusão digital; assistência jurídica gratuita à população; programas comunitários de saúde; incentivo aos esportes. Um projeto de grande vulto tem sido o Biblioteca Aberta à Comunidade, que traz os alunos das escolas públicas aos *campi* das faculdades para programas de leitura e análise de textos (orientados pelos estagiários de Letras e Pedagogia), gratuitamente. Esse programa tem hoje o nome da dra. Zilda Arns em razão do apoio e da apreciação por ela demonstrados. No viés ambiental, a Anhanguera também demonstrou, por meio de seu primeiro relatório, que a preocupação com a sustentabilidade já fazia parte de seu dia a dia havia anos, com ações de educação para a sustentabilidade em diferentes âmbitos.

Folheando a publicação com mais de cem páginas, Maria Elisa sentia-se satisfeita. Foi uma primeira experiência que, anos mais tarde, se converteria em outro marco do pioneirismo da Anhanguera: a primeira do setor a produzir um relatório de responsabilidade social nos moldes da *Global Reporting Initiative* (GRI), organização mundial que promove o uso desses documentos como mecanismo para que as organizações contribuam com o desenvolvimento sustentável. Isso também garantiria à Anhanguera o ISE Bovespa, o Índice de Sustentabilidade Empresarial, ferramenta para análise comparativa da performance das empresas listadas na BM&FBovespa.

Da mesma forma e com não menos dedicação e eficiência, o prof. José Luis Poli realizou um grande trabalho: organizar todas as áreas administrativas, financeiras, de planejamento de investimentos, de RH e muito mais.

O administrador Alex Carbonari, também agregado ao grande projeto desde o início, ficou responsável pelas áreas de infraestrutura: prospecção de novos *campi*, obras e construções das salas e laboratórios, infraestrutura de segurança e manutenção, e muito mais.

Importa relatar ainda que o prof. Carbonari, de acordo com os planos aprovados de boa governança corporativa, sempre afirmou que:

– *Nos primeiros quatro anos, vamos profissionalizar todos os cargos e funções de gestão da organização; nos segundos quatro anos, vamos "desfamiliarizar" as estruturas e, nos últimos quatro anos, vamos eu e a Maria Elisa, para o Conselho de Administração para que os profissionais cuidem de todas as atividades operacionais.*

Esse plano, também aprovado antes da ida à Bovespa, além de dar muito mais credibilidade aos futuros investidores externos, deu a visão bem profissional de uma futura governança corporativa. A noção de poder passou a ser profissional e não mais familiar.

A partir de então, para fazer a IPO, a cúpula da Anhanguera passou cinco semanas fora do Brasil, entre Europa, Ásia e Estados Unidos, visitando os grandes bancos e fundos de investimentos interessados em aplicar recursos em mercado emergentes.

É importante registrar também os excelentes trabalhos realizados por outros profissionais alocados pelo Pátria ao projeto, em especial, que Carbonari agradece sempre: José Augusto G. Teixeira e Marcos Guimarães, grandes executivos nas áreas de planejamento financeiro e de estruturação administrativa, respectivamente. Pelos grandes resultados obtidos, a AESA solicitou que eles continuassem no projeto e, de fato, assim o fizeram depois da IPO, nas funções de vice-presidentes.

Na volta, foi dado início à quarta e mais importante fase da expansão da instituição: a de abertura de seu capital na Bolsa de Valores de São Paulo (Bovespa). A IPO, feita na Bolsa de Valores de São Paulo, deu-se em 17 de março de 2007. Foi a primeira empresa do gênero a dar esse passo em toda a América Latina. Sucesso absoluto, como diz orgulhosamente Carbonari:

– Mais 13 interessados para lote de ações ofertado. Parecia um grande e concorrido vestibular – sabem o que é 13 candidatos por vaga?

Um dos primeiros interessados em comprar ações da Anhanguera foi o *International Finance Corporation* (IFC), braço do Banco Mundial dedicado ao investimento em empresas de caráter comunitário e de inclusão social. Esse viés educacional atraiu investidores interessados em promover ações direcionadas a países emergentes e garantiu que outros viessem na sequência, entre eles os fundos de pensão do Reino Unido, de Abu-Dhabi e Cingapura; diferentes fundos de aposentadoria de sindicatos ou associações de professores de localidades norte-americanas, como os Estados do Texas, Nova York,

Illinois e Washington, e arquidioceses e associações religiosas dos Estados Unidos. Foi a primeira empresa do gênero a dar esse passo em toda a América Latina.

A AESA (Anhanguera Educacional Participações S.A.), com a sigla AEDU3 na Bovespa, conseguiu levantar aproximadamente quinhentos milhões de reais num só dia, com grande crescimento no valor das ações. Registre-se, por oportuno, que o valor nominal das ações, de março a dezembro de 2007 cresceu mais de 100%. Nos dois anos seguintes, em razão de interesses de muitos investidores nacionais e internacionais, a Anhanguera realizou mais duas ofertas de ações.

Historicamente também vale a pena registrar que, assim, a Anhanguera Educacional Participações S.A. foi formada por norma legal, pela transformação, de cada uma das associações educacionais (sem fins lucrativos) então existentes: Associação Lemense de Educação e Cultura, mantenedora do Centro Universitário Anhanguera (Leme e Pirassununga); Faculdade Comunitária de Campinas e Faculdades Integradas de Valinhos; Instituto Jundiaiense de Educação e Cultura, mantenedora da Faculdade Politécnica de Jundiaí, e Instituto de Ensino Superior Anhanguera, mantenedora da Faculdade Politécnica de Matão. Daí surgiram as sociedades anônimas: Sociedade Educacional de Leme S.A., Sociedade Educacional de Jundiaí e Sociedade Educacional de Matão, que se somaram em uma só, a AESA, forma organizacional então definida para abertura de seu capital na Bolsa de Valores.

Dessas três pequenas sociedades anônimas, surgiu a Anhanguera Educacional Participações S.A., definida como a sociedade mantenedora de todas as suas unidades educacionais, fossem elas faculdades, centros universitários ou universidades. Os novos cursos e unidades orgânicas ou adquiridas passaram a ficar sob a mantença da AESA.

O intrépido bandeirante (lembrem-se do significado de *Anhanguera*) de Itatiba, Antonio Carbonari Netto, estava pronto para levar a bandeira da Anhanguera a lugares ainda mais distantes, muito além do Estado de São Paulo.

É importante mencionar uma grande ação levada a efeito para o crescimento mais rápido da Anhanguera: a edição da Portaria MEC nº 2175/97. A saber:

Em 27 de novembro de 1997, o então ministro Paulo Renato Souza fez publicar uma Portaria com o intuito de melhorar a expansão do ensino superior particular através de **indicadores de qualidade e desempenho**, isto é, quando a Instituição fosse avaliada pelo MEC e obtivesse certos indicadores que mostrassem melhor qualidade, ela poderia **expandir suas vagas** nos cursos avaliados (Art. 4º da Port. 2175/97) e **criar cursos** na mesma unidade da federação, por sua própria deliberação (Art. 1º da Port. 2175/97), não precisando mais requerer ao MEC, bastando comunicar os fatos à Secretaria de Ensino Superior SESU/MEC (Art. 7º da Port. 2175/97).

Resumindo:
– Em 19 de janeiro de 2004, a instituição, fazendo uso da referida portaria, por ter alcançado 58% dos indicadores de qualidade exigidos, isto é, 10 itens em 17 possíveis, criou várias unidades no interior do Estado de São Paulo – Campinas, Limeira, Santa Bárbara D'Oeste – todos implantadas, e em Bauru, Rio Claro e Indaiatuba, a implantar posteriormente. Nessa data, protocolizou junto à SESU/MEC a comunicação do fato, conforme a exigência legal pelo DOC nº 002343/2004-41.

– Em 27 de julho de 2004, a Coordenadora do Cadastro Institucional deu seu entendimento que o Decreto nº 3.860 de 9 de julho de 2001, no seu Art. 11, havia "revogado como disposição em contrário" a Portaria nº 2175/97. Uma revogação tácita!

– Em 26 de agosto de 2004, o Coordenador Geral de Avaliação do Ensino Superior do MEC deu parecer específico para que fosse ouvida a Consultoria Jurídica do MEC.

– Em 6 de setembro de 2004, a referida Consultoria Jurídica referendou o entendimento anterior que, de fato, a Portaria nº 2175/97 estava revogada tacitamente, nas disposições transitórias do Decreto nº 3.860/2001. Agora, expressou-se pela revogação da referida portaria e não de seu Art. 1º, como anteriormente alegado.

– Em 12 de novembro, o Secretário da SESU/MEC comunicou ao Reitor do Centro Universitário Anhanguera que o procedimento era irregular. Em 22 de novembro a Reitoria entrou com Pedido de Reconsideração à Secretaria, pois tinha o entendimento que a referida norma (ou algum de seus artigos) não tinha sido foram revogada). Em 30 de dezembro, o Conselho Nacional de Educação pronunciou-se não competente para análise do recurso, pois "havia conflitos legais".

Toda a defesa da instituição baseou-se nas disposições da Lei:
– A Lei Complementar nº 95, de 26 de fevereiro de 1998, que declarou expressamente no seu Art. 9º: "<u>Quando necessária a cláusula de revogação, esta deverá indicar expressamente as leis ou disposições legais revogadas</u>". Isso quer dizer que, após a publicação dessa lei, não é mais cabível "revogação tácita".

– O Decreto nº 2954, de 29 de janeiro de 1999, que regulamentou a referida lei foi explícito também: Art. 14: "A cláusula de revogação, que, sendo necessária, deverá conter, expressamente, todas as disposições revogadas a partir da vigência do novo ato". Novamente, nega-se a interpretação de que aquela Portaria nº 2175/97 teria sido revogada.

– Não bastasse isso, nova Lei Complementar, a de nº 107, de 26 de abril de 2001, também reforçou o entendimento em seu Art. 9º: "A cláusula de revogação devera enumerar, expressamente, as leis ou disposições legais revogadas".

Em resumo, a instituição foi à Justiça Federal, ganhou uma "liminar" para continuar funcionando, em respeito até aos direitos adquiridos dos alunos matriculados nos três municípios: Campinas, Limeira e Santa Bárbara D'Oeste, todos do Estado de São Paulo.

No processo que a instituição apresentou à Justiça Federal, foram anexados vários pareceres de juristas respeitáveis, incluído aí os do dr. Adilson de Abreu Dallari e também do ex-ministro da Educação, o dr. Paulo Renato de Souza, que exprimiu claramente que, como assinante (juntamente com o Presidente da República) do Decreto nº 3.860/2001, jamais revogou (ou interpretou a revogação) aquela portaria, pelo contrário, ela era um grande instrumento de fomento à qualidade e ao melhor desempenho das instituições.

Após essa grande demanda judicial, a instituição negociou com o MEC uma solução intermediária, e a SESU/MEC autorizou regularmente todos aqueles cursos, por isso a organização desistiu da ação judicial.

Sobraram dessa brilhante ação mais de 10.000 novos alunos matriculados e regulares. Esse foi realmente um grande salto na quantidade de estudantes que a Anhanguera conquistou, a despeito das normas mal interpretadas...

Esse exemplo deveria ser seguido por muitas outras empresas familiares que não conseguem desapegar-se do comando e do poder patriarcal.

Ricardo Scavazza, Alex Carbonari, Maria Elisa Carbonari, Antonio Carbonari Netto, José Luis Poli e Marcos Guimarães no dia da abertura de capital na Bolsa

Time da Anhanguera abre o pregão da Bovespa no dia do seu IPO

Capítulo 6

Expansão nacional

Capítulo 6
Expansão nacional

O discurso foi emocionante. José Luiz Poli estava entre os que ocupavam a primeira fila de cadeiras do auditório da sede da Anhanguera. O professor assistia com indisfarçável orgulho à apresentação de seu sócio e amigo, Antonio Carbonari Netto, naquele 12 de março de 2007. Sem dúvida, um dia muito especial na vida de todos os integrantes da diretoria, educadores e funcionários: a instituição chegara oficialmente à Bolsa de Valores de São Paulo (Bovespa) e, doravante, seria reconhecida como Anhanguera Educacional Participações S.A. (AESA).

A reação no setor educacional, claro, não foi a mais benevolente. Carbonari foi recebido com enorme desconfiança, sendo rotulado de "mercenário do ensino". Foram três anos de uma verdadeira chuva de pedras. Muitas delas vinham dos sindicatos, das associações e da confederação de professores. O presidente da Anhanguera – agora AESA – não entendia o paradoxo daquela situação. Lá fora, entidades representantes da classe docente compravam suas ações para subsidiar a aposentadoria de seus membros. Por aqui, a situação era de firme repúdio ao posicionamento tido como "capitalista" demais para o ensino. Havia também a resistência por parte daqueles que temiam uma mudança por demais radical no modelo tradicional de ensino superior, o que poderia levar à perda de espaço no mercado de trabalho para quem preferia permanecer apegado aos antigos dogmas acadêmicos.

Todos observavam a reação a esse fato inédito no setor educacional brasileiro, liam as matérias publicadas pela imprensa, ouviam os comentários de colegas próximos ou distantes, mas cada um fazia seu próprio entendimento da situação. Por um lado, era natural que houvesse algum tipo de controvérsia. Afinal, a Anhanguera foi a pioneira, e as pessoas não tinham nem ideia do que significava levar uma empresa de educação para a Bovespa. Desconheciam, por exemplo, que todo o processo dependia, primeiro, de amparo na legislação para o setor. É claro que tudo estava devidamente regulamentado e autorizado, depois de dezenas de reuniões entre os diretores da Anhanguera e o Ministério da Educação.

Não dava para entender o motivo para alguns protestos mais exagerados. Por que não colocar o ensino superior em um mesmo canal que já provia de investimentos em setores como os de infraestrutura e de energia? Em linhas simples: se a Petrobras e as instituições financeiras estavam na Bolsa, qual o motivo para impedir uma instituição de ensino superior de seguir o mesmo caminho? Caso fosse uma equação matemática, seria fácil concluir que, com base na lógica de investir em empresas que têm credibilidade, logo todos demonstrariam fé no projeto da Anhanguera ao comprarem suas ações. E os investidores compraram!

Carbonari, em sua conhecida transparência, não temia discussões com os sindicatos. Sempre um bom negociador, intensificou o debate com a classe docente, sem, no entanto, ceder às pressões. Atuava, afinal, de acordo com as normas definidas pelo Direito Civil brasileiro. A prova de que estava correta a sua lógica é que, na esteira do caminho desbravado pela Anhanguera, em pouco tempo chegariam outros grandes grupos educacionais do País, cada um com sua própria motivação para também se lançarem na Bolsa. Carbonari sabia cada um de seus motivos. Foi movido por uma visão teórico-educacional fundeada por recursos de *private equity*. Ou seja, quando começou a pensar em se tornar uma S.A., enxergou nisso um caminho para ampliar seu projeto pedagógico de modo sustentável.

– *Eu estudei cálculo com livros russos, traduzidos para o inglês ou espanhol, e não me tornei um comunista. Os livros serviam para trazer conhecimentos. Porém, alguns sociólogos brasileiros se tornaram marxistas da noite para o dia, após lerem apenas a introdução de* O Capital. *A vida inteira eu tive antagonismo com esse pessoal. E quando eu dizia "vamos preparar para o mercado", eles me xingavam. E quando mudava para "vamos preparar para a comunidade", aí eles gostavam. Só que é a mesma coisa! Eu sempre fui, na prática e não apenas no discurso, bem mais socialista do que eles.*

Em alguns meses, a Anhanguera conquistou milhares de acionistas. O capital foi aplicado na qualificação do corpo docente, em bibliotecas, laboratórios e aquisições de unidades em todo o País. Foi o início de uma grande expansão que faria saltar o número de cidades onde estavam presentes os *campi*: de 10 para 75.

De seu posto como diretor regional, Carlos Afonso Gonçalves da Silva acompanhava ativamente as aquisições e instalações de novos *campi*, episódios que considerava como "momentos de vitória". Não havia espaço para o "será que vai dar certo?". A equipe da Anhanguera sempre fazia funcionar, e sem grandes reveses. Sem os "grandes", mas eles existiam, sim, ainda que em tamanho e consequências menores. O diretor via a cena se repetir na ocasião do anúncio oficial aos alunos, em algumas das 22 instituições, de cuja aquisição participou. Reunidos no auditório lotado, os estudantes tinham sempre a mesma expressão de expectativa. Ele abria o microfone e começava a apresentação:

– *Bom dia, eu sou o professor Carlos Afonso, diretor da Anhanguera Educacional. Agora vocês fazem parte do grupo.*

Não foram poucas as vezes em que a resposta foi uma sonora e uníssona vaia. Somada a algumas frases de efeito: "Vocês são os tubarões do mercado, não queremos Anhanguera". Ele esperava que o clima voltasse a ficar ameno para dar o recado que motivara a reunião com o corpo discente e docente. Apresentava, então, os programas, a metodologia de ensino, os recursos, os laboratórios, os benefícios, enfim, a estrutura como um todo. Finalizava mencionando os valores das mensalidades.

– *Em três meses, vocês terão aqui toda essa estrutura. Hoje, vocês não têm professores qualificados, mas em breve isso irá mudar. Na Anhanguera, todos os docentes sabem muito bem dar continuidade ao conteúdo de um dia para o outro, o que não se vê em muitas faculdades. Nossos mestres sabem o objetivo da aula, o que precisam ministrar naquele dia, a arquitetura da aula é bem montada.*

Silêncio total. E, assim, a reunião era encerrada e marcado um novo encontro para 90 dias depois. Transcorridos três meses, as vaias eram sempre substituídas por entusiasmados aplausos. Em uma dessas cidades, ele foi convidado a dar uma entrevista para uma rádio local. E veio a pergunta do repórter:

– Como o senhor se sente trabalhando em uma empresa chamada de "McDonald's do ensino"?

– *Eu fico muito feliz. Se você pedir um Big Mac em Tóquio, Nova York ou Moscou, sabe que receberá a mesma qualidade. Não tem discrepância, não tem surpresa, muito menos diferenças entre o que você pediu e o que recebeu. Quando o aluno vem buscar um diploma, quer sair da faculdade como um operador do Direito, um juiz, um delegado, promotor, advogado, uma pessoa com mais conhecimento que possuía quando entrou. E, para isso, é necessário ter uma sequência no aprendizado, o mesmo padrão para os programas, em qualquer uma das unidades.*

Carbonari, por seu turno, não se assustava com a grita de alguns setores da sociedade, muito menos com a concorrência. Estava tranquilo com a solidez da administração e a profissionalização dos funcionários, um sistema que contemplava plano de carreira para gestores e professores. Pensava que, antes, não havia revistas para a publicação de artigos científicos. Em apenas dez anos, a Anhanguera lançou 12 títulos.

– *As críticas não me aborrecem. Não é o número de mestres ou o regime de dedicação exclusiva que fazem uma faculdade ser boa, e sim o aluno aprender ou não. A diferença está só nos mantenedores, porque a educação é a mesma. O rígido controle do Ministério quanto às normas e às leis é o mesmo para todos.*

A Anhanguera estava se tornando líder de mercado, e seria estranho se as críticas não viessem. E elas também vinham dos órgãos públicos e entidades do setor. A saída era sempre o diálogo franco. Muitas IES que eram adquiridas estavam fragmentadas, com cursos irregulares, problemas de documentação e assim por diante. Tudo era negociado, fosse com o Ministério, fosse com os sindicatos. E isso influenciaria a própria postura do MEC em relação às diferentes barreiras impostas às IES. O desenvolvimento do setor privado contribuiria até mesmo para o *modus operandi* do ensino público.

Apenas em 2007, com a expansão pelo interior do Estado de São Paulo, foram implantadas unidades em Indaiatuba, Piracicaba, Rio Claro e Sorocaba, além de serem adquiridos o Centro Universitário Ibero-Americano (Unibero), na capital paulista, a Faculdade e o Instituto Superior de Educação Fênix, de Bauru, a Faculdade Integração Zona Oeste (Fizo), em Osasco, e o Centro Universitário de Santo André (Unia), na região do ABCD paulista. A primeira aquisição no Rio Grande do Sul foi a Faculdade Atlântico Sul de Pelotas, no município de Rio Grande. No centro-oeste, no Estado de Mato Grosso do Sul, foram agregados o Centro Universitário de Campo Grande (Unaes), a Universidade para o Desenvolvimento do Estado e da Região do Pantanal (Uniderp), também da capital, e a Faculdade e o Instituto de Ensino Superior de Dourados (IESD).

A padronização das matrizes pedagógicas, a metodologia de ensino, que se apoia em atividades dinâmicas com plena participação do aluno, e o suporte dos melhores livros e autores do Brasil em cada disciplina – componentes da proposta que parte da premissa "do professor como orientador" e "do estudante como objeto do aprendizado". Isso significava mais qualidade. Tal reconhecimento – fusão das instituições – seria feito pela vice-reitora da Uniderp, Leocádia Leme, mas seria necessário algum tempo para que ela própria entendesse assim.

Tal como o mencionado repórter da rádio, ela lançou um olhar de desconfiança ao projeto da Anhanguera quando a faculdade onde atuava foi incorporada, em 2007. Foi um susto. E não poderia ser diferente. Nem ela nem qualquer outro funcionário do corpo administrativo estavam a par das tratativas que vinham sendo feitas entre Carbonari e os donos do complexo Uniderp.

Era um dia quente de setembro em Campo Grande, quando todos se reuniram no anfiteatro para receber o presidente acadêmico da

Anhanguera. Foi Carbonari em pessoa quem fez a preleção. O espanto inicial foi, aos poucos, substituído por simpatia. Leocádia sabia quando estava diante de uma pessoa carismática, um líder nato. E suas palavras tiveram o poder de derrubar uma a uma as oposições internas que ela carregara consigo para aquele evento de apresentação da fusão entre as instituições. Foi o que amenizou o mal-estar generalizado da comunidade interna por, de um momento para outro, descobrir que suas vidas mudariam dali para diante.

A verdade é que a chegada da Anhanguera despertou uma verdadeira onda de protestos por parte do funcionários. Durante um mês inteiro, em um dos dois *campi* do complexo educacional – o Centro Universitário de Campo Grande (Unaes) –, ocorreu até mesmo uma mobilização com visitas à Assembleia Legislativa e à Câmara Municipal.

O Programa do Livro-Texto (PLT) foi o segundo choque para o corpo docente. Sentada em uma das pontas da grande mesa de reuniões da reitoria, Leocádia torceu o nariz mentalmente quando o Carbonari falou pela primeira vez do modelo.

– *Lá vem apostilão!* – pensou, sem poder colocar verbalmente o desprezo que sentiu naquele momento. Era, afinal, a vice-reitora e precisava manter a compostura. Suas opiniões pessoais não deveriam ser compartilhadas naquela mesa.

Porém, mais uma vez, o discurso do presidente acadêmico da Anhanguera mostrou a consistência do PLT e foi, também, uma demonstração clara da pedagogia adotada pela instituição. Em pouco tempo, a educadora ficou encantada. Entendeu que havia flexibilidade e que os profissionais teriam a chance de situar e orientar as decisões desde que escolhessem os melhores autores como complementares.

Ao longo do processo de transição, Carbonari ia muitas vezes a Campo Grande para acompanhar o andamento e também implementar projetos de responsabilidade social na capital sul-mato-grossense. Um deles, por exemplo, foi a doação de 500 laptops para a rede de escolas públicas. Resistente à mudança nos primeiros meses, Leocádia logo deixou sua postura receosa de lado. Depois de alguns meses, ela foi obrigada a admitir que jamais esperava que a Uniderp pudesse ter um avanço tão grande, principalmente quando se fala em número de alunos.

– A Uniderp sempre primou pela qualidade, possui um respeitado histórico. Nosso curso de Medicina teve nota 5 no MEC. E todos os demais, da área de saúde e de exatas, são muito bem avaliados. Porém, mesmo sendo a universidade privada com o maior número de alunos no Mato Grosso do Sul, nosso modelo comportava turmas muitos pequenas. Isso mudou com a chegada da Anhanguera.

A tradição de bom ensino e o corpo qualificado de docentes da instituição foram mantidos, mas o novo modelo de ensino, com metodologias ativas, agregou resultados significativos e permitiu que as turmas fossem ampliadas. Em 2007, havia aproximadamente 7,5 mil estudantes nos dois *campi*. Em 2014, esse número beirava os 20 mil alunos. No sistema de Educação a Distância (EaD) eram 15 mil alunos e logo o total ultrapassaria os 200 mil.

– Como educadora, defendo que, quanto mais motivos e instrumentos houver no País para facilitar a entrada e a frequência de nossos brasileiros no ensino superior, mais motivos de aplauso deve merecer quem proporciona isso. A missão da Anhanguera é possibilitar que o aluno tenha o seu sonho de vida conquistado, e isso foi incorporado por toda a comunidade acadêmica. Hoje trabalhamos dessa forma, vislumbrando a possibilidade de qualquer cidadão sul-mato-grossense estudar em uma universidade como a Uniderp, afirma Leocádia.

Os demais integrantes do corpo acadêmico também abandonaram a postura reticente logo no primeiro ano de atividades sob a gestão da nova mantenedora. A mudança de atitude se mostrou aos poucos, tão logo cada um deles confirmava por si a seriedade da proposta pedagógica da Anhanguera, no sentido de garantir que os alunos saíssem dos bancos da faculdade em condições de realizar o ideal: ser um profissional competente. Se no início as críticas à Anhanguera eram muitos fortes, com o tempo, o temor que eles tinham de ver diluídos o respeito, a tradição e a qualidade de ensino da universidade desapareceu por completo. Logo, também o PLT passou a ser aplaudido não apenas pelos docentes como também por um grupo extremamente mais crítico: os próprios avaliadores do Ministério da Educação, em suas visitas periódicas à instituição.

A Anhanguera também imprimiu novos ares na gestão acadêmica da Uniderp. A professora Ana Maria Costa Souza conheceu Antonio Carbonari Netto em uma das reuniões das entidades do setor em Brasília. Tornaram-se amigos, com muitos interesses em comum e pontos de vista semelhantes em relação ao ensino. Ela acompanhava a trajetória da instituição a distância, mas, em 2008, quando foi convidada a assumir a reitoria da Uniderp, a proposta foi aceita com satisfação. Mesmo antes de integrar a equipe, Ana Maria concordava plenamente com a estratégia da Anhanguera. Entendia que Carbonari havia conseguido provar que abrir o capital de uma entidade voltada ao ensino superior não era um ato de loucura, como vinha sendo acusado de fazer, mas muito além disso, seria a concreta abertura de oportunidades iguais para todos e um aprendizado voltado às reais expectativas do mercado de trabalho.

– *Na educação, os paradigmas são muito fixos, muito rançosos, muitas vezes as pessoas demoram demais para fazer mudanças. Ele foi o primeiro a pensar nisso e deu uma virada. Ele teve coragem de acreditar e enfrentar todas as adversidades.*

Também se juntou à equipe da Uniderp o professor Guilherme Marback Neto, atualmente reitor do Centro Universitário Jorge Amado (Unijorge). O baiano de Salvador conheceu Carbonari quando ocupava o posto de avaliador do Ministério da Educação, em 1999, durante uma visita à recém-criada Anhanguera. Embora sua posição demandasse um distanciamento dos mantenedores, Guilherme apreciava o trabalho que vinha sendo feito na instituição. Enxergava ali um homem inteligente, com a grande preocupação de inovar a educação superior, rodeado por uma equipe que demonstrava todo o empenho em fazer uma instituição diferente. Mesmo naquele momento, ele pôde perceber que o projeto influenciaria positivamente o ensino universitário privado. Afinal, era a primeira vez que alguém decidia "desbravar" o interior do País. Era também uma iniciativa pioneira de ampliar o acesso aos estudantes que tinham dificuldade de superar o filtro dos vestibulares das IES públicas.

A amizade entre os dois só começou a surgir em 2002, durante uma viagem de grupo de brasileiros, mantenedores e gestores universitários, que foram à Espanha como parte do projeto "Língua espanhola como fator econômico". O convite para trabalhar na Anhanguera chegou seis anos mais tarde, quando Guilherme assumiu a vice-reitoria da Uniderp. A antiga confiança na qualidade do projeto que teve enquanto avaliador do MEC se consolidou quando se tornou amigo de Carbonari. Em momento algum ele hesitou em trocar as belas praias de sua cidade natal para viver um novo desafio no cerrado da região Centro-Oeste do País.

Meses depois, entrosada com a nova equipe de trabalho, Leocádia fez questão de anunciar sua mudança de ponto de vista, o que se deu durante uma reunião com Carbonari e a professora Ana Maria.

– *Eu acredito que fui particularmente preconceituosa. Sou educadora à moda antiga, portanto, é natural que nós tenhamos alguns tabus e sejamos mais resistentes às mudanças.*

Para a experiente Leocádia, a diferença do modelo da Anhanguera está na capacidade de gestão, que permite manter a qualidade das instituições que já apresentam bons resultados e reverter positivamente, em poucos meses, o desempenho daquelas que têm avaliação ruim. A educadora logo percebeu que o alicerce estava na estratégia de fundamentar e fortalecer uma proposta pedagógica com consistência: começo, meio e fim.

– *Para mim, esse é o "achado" da Anhanguera* – destacou.

Havia, porém, outro pilar de sustentação: colocar o professor como o principal ator do modelo. Por esse motivo, a Anhanguera criou o Programa Institucional de Capacitação Docente (PICD), que, inicialmente, passou a ofertar bolsas de especialização e mestrado aos docentes. Mais tarde, o benefício também abrangeu o doutorado. Em média, 60 pessoas participam desses programas todos os anos. Até hoje, cerca de 100 mestres e 30 doutores foram formados por meio da concessão desses investimentos na capacitação e no aperfeiçoamento dos professores.

Um ano depois da entrada na Bovespa, o grupo Anhanguera demonstrava expressivo crescimento do número de estudantes, de graduação e pós-graduação. De 1994, quando de sua fundação, até 2008, a instituição passou de 240 para mais de 150 mil alunos matriculados. Naquele ano estavam registrados aproximadamente 6 mil professores e mais de 4 mil funcionários de apoio técnico-administrativo.

No Centro-Oeste, a Anhanguera se fez presente em Goiás (Anápolis e Valparaíso de Goiás), no Mato Grosso, nos municípios de Rondonópolis e Cuiabá, e no Mato Grosso do Sul, com unidades em Campo Grande, Rio Verde, Dourados e Ponta Porã. E, ainda, no Distrito Federal, com diferentes *campi* em Brasília/Taguatinga. No Sul, a expansão chegou a Pelotas, Rio Grande, Passo Fundo e Caxias do Sul, no Rio Grande do Sul, e Joinville e Jaraguá do Sul, em Santa Catarina.

Os municípios-sede das unidades eram mais de 50. Em São Paulo, havia *campi* na capital e nas cidades de Osasco, Taboão da Serra, Itapecerica da Serra, Santo André, São Caetano do Sul, Jundiaí, Sorocaba, Valinhos, Campinas (quatro unidades), Indaiatuba, Santa Bárbara D'Oeste, Sumaré, Limeira, Piracicaba, Rio Claro, Leme, Pirassununga, Matão, Sertãozinho, Taubaté, Bauru, Jacareí, São José dos Campos e Pindamonhangaba.

Ainda na região Sudeste, Belo Horizonte representava o grupo no Estado de Minas Gerais. Para o cargo de reitor dessa nova unidade, foi convidado Eduardo Soares de Oliveira, atualmente diretor geral de Ensino Superior do Grupo Opet, de Curitiba (PR). A amizade entre Carbonari e ele era antiga: haviam se passado quase 25 anos desde que os dois se encontraram pela primeira vez em Brasília, durante uma reunião no auditório da Abmes.

Naquela ocasião, Eduardo Soares era pró-reitor do Centro Universitário de Belo Horizonte e participava na defesa dos mesmos pontos de vista do então pró-reitor da Universidade São Francisco. A pauta do dia convergia sobre um aspecto particular de certa portaria do Conselho Nacional de Educação que traria prejuízo às IES, sobretudo aos centros universitários. Em dado momento, Carbonari aproximou-se de Eduardo e disse:

– *Eu vou levantar a bola da discussão e você completa com os seus argumentos. Não podemos, de modo algum, permitir que as coisas fiquem deste jeito.*

O pró-reitor mineiro ficou surpreso, porque, embora partilhasse do pensamento dele, jamais havia trocado qualquer palavra com o paulista. Como ele já iniciava a primeira conversa combinando a forma de conduzir e encaminhar uma complexa situação? Passada a estranheza inicial, Eduardo fez exatamente o que o ilustre desconhecido lhe pediu. Ficaram amigos. E logo entendeu que o comportamento de Carbonari era um traço de seu perfil, e suas ideias e seus argumentos estavam sempre muito bem embasados, portanto, eram de difícil contestação. Impressionou-se muito bem com o homem de espírito positivo, afirmativo e incisivo ao expor suas ideias e opiniões.

Todas as vezes que estavam em Brasília, os dois integravam um pequeno grupo que se reunia para jantar e conversar sobre assuntos relacionados ao setor educacional. Era uma boa oportunidade para a troca de ideias e experiências, mas Eduardo observava que o professor Carbonari sempre tinha o poder e a capacidade de capitalizar a atenção nessas rodas, não apenas pelo seu jeito perspicaz de fazer colocações, mas também pela experiência e conteúdo delas.

Em 2008, o nome de Eduardo foi a primeira opção para assumir a diretoria executiva das unidades da Anhanguera em Belo Horizonte. O convite foi aceito e, logo, ele passou a acumular o cargo de diretor regional em Minas Gerais. Representava, para ele, um grande desafio trabalhar a aceitação da marca Anhanguera, até então desconhecida naquele Estado. Mais do que isso, havia uma forte conotação "paulista", o que representava um obstáculo para os mineiros, sempre muito conservadores, tradicionais e fieis às marcas locais já consolidadas. Também o modelo de gestão por meio de governança coorporativa, naquele momento ainda incipiente para uma IES, despertou seu interesse em assumir o desafio e fazer acontecer, contribuindo para o crescimento e a consolidação da marca Anhanguera naquele mercado.

Para Eduardo havia ainda outro motivo forte para aceitar o convite: o fato de ter o professor Carbonari à frente do grupo. Isso lhe chamava a atenção e o interesse, considerando o espírito empreendedor do mestre, que se alinhava em muito à sua filosofia de trabalho. Além disso, o mote que a Anhanguera buscava naquele mercado – Crescimento e Desenvolvimento – era um incentivo ao desafio de empreender. Com tal sinergia, os resultados positivos se apresentaram em quatro anos, com o crescimento de 500% em relação à quantidade de alunos da então Faculdade Fabrai.

De seu posto em Belo Horizonte, Eduardo também observava o avanço do ensino superior no Brasil. Apesar da grande expansão iniciada em 1996, com a criação dos centros universitários, bem como o credenciamento de dezenas de novas IES, com mais cursos e vagas, ainda havia limitações ao acesso, face às dificuldades financeiras dos ingressantes. Iniciava-se, naquele período, um processo de consolidação do setor educacional privado que, em sua opinião, seria extremamente importante para atingir números ainda mais ambiciosos nos anos futuros.

De fato, na última década, o número total de matrículas no ensino superior brasileiro cresceu cerca de 80%, de acordo com dados do Instituto Nacional de Estudos e Pesquisas Educacionais Anísio Teixeira (Inep). Em 2013, o total de IES era 2.416, sendo 304 públicas e 2.112 particulares. E a Anhanguera impulsionava esse crescimento. Em especial, era notável a expansão de matrículas nos cursos tecnólogos: o aumento foi de 51% no período de 2011 a 2013. A adesão se explica: diferentemente da graduação tradicional, eles costumam ter duração reduzida e currículo prático, focado na preparação para o mercado de trabalho.

Também em 2008 começou a ganhar força um modelo educacional surgido no século XVIII: o ensino remoto. Institucionalizada e consolidada graças à Tecnologia da Informação, a Educação a Distância (EaD) pode ser remontada ao ano de 1728, quando a *Gazeta de Boston*, em Massachusetts, nos Estados Unidos, anunciou em suas páginas um curso de Estenografia por correspondência. No Brasil, a primeira experiência similar data de 1904, quando o *Jornal do Brasil* publicou um anúncio que oferecia profissionalização por correspondência para datilógrafo. A mesma experiência de ensino a distância por meios eletrônicos surgiu pelas mãos de Henrique Morize e Edgard Roquette

Pinto em 1923, quando criaram a Rádio Sociedade do Rio de Janeiro, para promover cursos de Português, Francês, Silvicultura, Literatura Francesa, Esperanto, Radiotelegrafia e Telefonia. Outras iniciativas se destacaram nas décadas seguintes, as mais célebres são: Instituto Monitor, de 1939; Instituto Universal Brasileiro, de 1942; Projeto Minerva, do Ministério da Educação, em 1970; mais recentemente, em 1992, Universidade Aberta de Brasília.

O EaD como conhecemos hoje surgiu oficialmente em 1996, por meio da Lei de Diretrizes e Bases da Educação Nacional, nº 9.394, de 20 de dezembro de 1996, embora tenha sido regulamentado somente em 2005, pelo decreto n. 5.622.

Especialistas defendem que o EaD é fundamental para atender a grandes contingentes de alunos, de maneira mais efetiva que outras modalidades e sem riscos de redução da qualidade. Isso seria possibilitado pelas ferramentas e pelos recursos tecnológicos, que abriram novas possibilidades para os processos de ensino-aprendizagem a distância. O EaD representaria um instrumento fundamental de promoção de oportunidades, permitindo que muitas pessoas concluam um curso superior de qualidade e alcancem novas oportunidades profissionais.

Foi também em 2008 que a Anhanguera estruturou um Núcleo de Audiovisual para atender à produção de seus módulos de EaD. Para coordenar o novo setor, foi convidado o engenheiro de Telecomunicações Alberto Santana. Sua experiência na docência, a especialização feita na Alemanha e a prática na Bélgica faziam dele uma pessoa gabaritada para assumir a tarefa.

Santana conheceu Carbonari quando atuava na TV Século 21, um canal religioso de Valinhos, para o qual havia desenvolvido uma grade de atrações educativas, políticas e culturais. Durante um ano inteiro, os dois conviveram semanalmente, nas gravações do programa "Prioridade Nacional", que trazia como convidados alguns dos mais notórios especialistas para debaterem temas de relevância nacional, em particular, o da educação.

O convite veio do padre Eduardo Dougherty, fundador e presidente da Associação do Senhor Jesus, mantenedora do canal de televisão.

A ideia inicial era criar um *talkshow* que promovesse debates sobre educação. Por seu perfil combativo, Carbonari foi o escolhido para ser o apresentador. A proposta foi feita logo após sua participação em outro programa da emissora. Naquele dia, ao final da transmissão, os integrantes da direção se dirigiram a ele e questionaram: "Educação para você é prioridade nacional?". E assim surgiu não apenas um novo ancora, como também o nome da atração que ele comandaria.

Para dar um formato interessante ao programa, Carbonari decidiu abordar no "Prioridade Nacional" a orientação profissional para diversas áreas. Os telespectadores ficariam sabendo sobre as características do perfil desejado, as atribuições necessárias para a carreira, as instituições que ofereciam o curso de interesse, o período dos vestibulares e assim por diante. O programa permitia que o público interagisse enviando suas questões por um endereço eletrônico. Assim, o âncora respondia a perguntas como: "Minha filha quer fazer Medicina, mas vai mal em Biologia, o que fazer?" e "O que preciso fazer para melhorar meu desempenho no vestibular para o curso de Direito?". Em um segundo momento, a atração passou a trazer entrevistados para falarem sobre as exigências na rotina profissional de diferentes carreiras, como os presidentes do Conselho Regional de Administração, do Conselho Regional de Medicina, da Ordem dos Advogados do Brasil e outros de cursos mais ambicionados pelos telespectadores.

Ao final de um ano, e um total de 52 edições, Carbonari decidiu encerrar sua vida de apresentador para se concentrar nos negócios da AESA. Levou consigo o diretor Alberto Santana, primeiro para dar aulas para os alunos de Publicidade e Propaganda, depois para ser coordenador do curso e, finalmente, diretor do Núcleo de Audiovisual. Em seu primeiro dia de trabalho, ele se viu diante de um rol de produções modestas, com uma equipe resumida a três funcionários. Carbonari estava lá para recebê-lo e disse:

– *Alberto, o futuro está no ensino a distância. Não dá para abrir uma faculdade em cada cidade de um país do tamanho do Brasil, mas dá para levar nosso sistema educacional para a maior parte delas. O ensino a distância é a grande chave para o desenvolvimento. E esta é a sua missão.*

A tarefa foi aceita, mas o coordenador não poderia imaginar as dimensões que o novo projeto alcançaria. Com o tempo, a Anhanguera começou a fazer as aquisições para dinamizar o setor, que considerou fundamental naquele momento em que o EaD ganhava cada vez mais espaço no ensino superior.

A primeira delas foi a Rede de Ensino LFG, fundada em 2002 como o primeiro canal televisivo de difusão via satélite do ensino jurídico no País. A proposta inicial era criar oportunidades de aprendizagem para mais pessoas, em particular os estudantes que vivem ou trabalham em locais distantes dos grandes centros urbanos, onde se concentram os cursos preparatórios para as carreiras jurídicas. A iniciativa do ensino telepresencial pretendia combater a desigualdade de oportunidades ao democratizar o acesso a um conteúdo jurídico de alto nível, com os melhores especialistas do setor.

A fusão com a Anhanguera fez surgir a maior instituição de ensino superior e profissionalizante do Brasil e das Américas. Ao incorporar à sua rede de ensino os cerca de 70 mil estudantes da LFG, a Anhanguera passou a contar com cerca de 220 mil alunos em ensino superior e cerca de 500 mil em ensino profissionalizante por ano. Atualmente, a rede soma cerca de 400 unidades no Brasil. Em parceria com a Universidade Anhanguera-Uniderp, a LFG também passou a ministrar cursos de pós-graduação na área jurídica e MBA em gestão.

Para Alberto Santana, a aquisição também ampliou suas responsabilidades, já que o número de estúdios mais que quadruplicou: em São Paulo são 17 estúdios, dez em Valinhos, dez em Campo Grande (MS), dois em Salvador (BA) e um no Rio de Janeiro. No total, mais de 150 pessoas que colocam essa estrutura em movimento diariamente.

Na visão do diretor, toda essa estrutura veio para consolidar uma visão de futuro que Carbonari teve em 2008. Desde aquela época, o gestor defendia que o brasileiro tem um alto padrão de exigência, acostumado que está ao nível de qualidade das produções da teledramaturgia. Sabia também que o vídeo tem uma linguagem própria. Portanto, não poderiam fazer uma aula que fosse menos interessante que um capítulo da novela das nove, do contrário não prenderiam a atenção dos alunos. O grande desafio do novo núcleo foi elaborar aulas atraentes, cativantes, com muitos recursos de áudio, vídeo e animação. De novo, Carbonari chamou Alberto para uma conversa:

– *O EaD é um mix de instrumentos e ferramental para atingir seus objetivos – TV, rádio, internet, material impresso –, e isso permitirá que o modelo tenha um grande futuro. Quero que você coloque todo o seu conhecimento de televisão aqui. Prepare os professores para dar aula em vídeo, porque é bem diferente da sala de aula.*

Até hoje, um percentual das aulas em EaD da Anhanguera são gravadas com recursos de dramaturgia, com um apresentador profissional. Por trás do que se vê no vídeo, está o trabalho de professores, geradores de conteúdos, roteiristas, diretores, produtores, editores, técnicos de som e ampla equipe de apoio. O ponto de vista que teve Carbonari há mais de sete anos assume um caráter ainda mais visionário a partir do momento em que se percebe que a geração de jovens da atualidade é completamente visual e passa grande parte do tempo conectada. O desafio diário do Núcleo, portanto, sempre foi o de atender à premissa de transpor um conteúdo muitas vezes árido para a linguagem audiovisual, sem comprometer o conhecimento a ser transmitido. Esta sempre foi a equação a ser solucionada, o grande desafio proposto em alertas objetivos:

– *Quero que vocês façam isso ficar atraente! Como é que faz para o aluno não dormir assistindo? Mostrem como ficou. E se eu dormir, é porque o aluno vai dormir...* – dizia Carbonari.

Com respeito e admiração, Alberto percebeu que seu diretor se colocava no lugar dos estudantes e, caso não aprovasse, as críticas eram duras, fosse sobre a dinâmica: "Isso está muito chato, faça de novo!"; ou sobre o conteúdo: "Não está claro, não está bem explicado, grava outra vez. Se eu não entendi, como o aluno vai entender?". Mais do que isso, durante as gravações, o mestre dialogava com toda a equipe e a deixava livre, sem temer as formalidades impostas pelas questões hierárquicas.

Ainda que o EaD não fosse novidade, havia é claro os opositores ao modelo. Carbonari mais uma vez se preparou para os debates que certamente viriam de alguns atores do setor educacional. Foi mais um período de verdadeiras peregrinações e romarias para mostrar a esses diferentes públicos que o modelo não deveria ser temido, ao contrário, era digno de aplausos. Algo que acabou se confirmando pouco tempo depois.

Em 2009, a Anhanguera implantou a Faculdade Anhanguera de Ribeirão Preto, em Ribeirão Preto (SP), e a Faculdade de Goiânia (FAG), em Goiânia (GO). Enquanto a expansão seguia seu curso, a direção ora agregava novos talentos, ora promovia seus diretores para cargos de maior responsabilidade. E havia ainda o triste processo de dizer "adeus" às pessoas que foram fundamentais na trajetória da Anhanguera.

Entre os novos gestores, alguns já eram amigos de Carbonari de longa data. Um deles foi ninguém menos do que o seu primeiro empregador como docente: Valmor Bolan, que chegou para assumir a reitoria da Unibero. Mais tarde, ele também passaria pelo Centro Universitário de Santo André (UniA), atuaria como consultor da presidência e seria diretor-geral da Universidade Corporativa Anhanguera (UNIAG) – o grande centro de treinamento para docentes e gestores.

O mestre e a sua obra: Anhanguera cada vez maior

O grupo também deu as boas-vidas a Décio Corrêa Lima – atualmente diretor de M&A (Fusões e Aquisições) do Grupo SER Educacional, do Recife (PE). Ele conheceu Carbonari na Abmes, quando os dois ocupavam cargos na direção da entidade. Impressionou-se com a desenvoltura do matemático logo nas primeiras reuniões do MEC. Lembrava-se de que, certa vez, uma das professoras presentes no encontro interpelou Carbonari sobre a quantidade de alunos que a Anhanguera mantinha em cada sala. Ele respondeu rapidamente:

– A senhora sabe para quantos alunos, aproximadamente, um professor de Harvard ministra uma aula?

– *Uns 20 ou 30* – arriscou a docente.

– *Realmente, a senhora acertou. Eles têm de 20 a 30 mesmo, mas somente de* **monitores**, *professora. Alunos, de 200 a 300. Isso é normal por lá. E eu pergunto: a senhora questiona a qualidade da Harvard?*

A afinidade com Carbonari garantiu a Corrêa Lima um convite para expandir a Anhanguera além das fronteiras de São Paulo. Experiência não lhe faltava. Executivo de carreira, ele exercera vários cargos na gestão de empresas de outros segmentos, mas, a partir de 1999, iniciou sua trajetória como gestor educacional, sendo responsável por um projeto de implantação de uma escola de negócios *prime* em Goiânia (GO), que hoje é a Faculdade Alfa.

O executivo uniu-se a ele para implantar os *campi* de Goiânia (GO) e Cuiabá (MT). Foi quando teve a oportunidade de trabalhar com um modelo desenvolvido pelo matemático para implantação de novas IES, com custo reduzido, utilizando colégios de Ensino Médio. Mais tarde ele também foi diretor de Unidade, responsável pelos *campi* de Goiânia e de Valparaíso de Goiás.

Outro amigo de Carbonari desde os tempos de faculdade é Gilberto Selber, matemático como ele, que sempre admirou seu perfil inquieto e carregado de iniciativas inovadoras. Sua chegada à Anhanguera Educacional se deu logo após a aquisição da Universidade Bandeirantes (Uniban), em 2011. Selber foi reitor por duas vezes da PUC-Campinas e ex-presidente do CRUB (Conselho de Reitores das Universidades Brasileiras). A razão do convite foi para incumbi-lo de reestabelecer os indicadores de avaliação do Inep/MEC, uma vez que a universidade estava em regime de TSD, ou seja, com Termo de Saneamento de Deficiências. Sua principal missão foi, exatamente, a de entregar os requisitos exigidos na regulação no menor tempo possível.

A partir de então, profundas mudanças foram implantadas, tanto do ponto de vista acadêmico, como na área da gestão. Destacaram-se entre elas a adequação do corpo docente, a reformulação de todos os projetos pedagógicos, a capacitação de professores, principalmente dos que eram coordenadores de cursos, e também a implantação de melhorias na infraestrutura de apoio, em especial nos laboratórios, nas bibliotecas e salas de aula.

Não apenas a delicada situação financeira da Uniban representou um desafio para Selber. A universidade era muito diferente da Anhanguera, em vários aspectos. Havia um intrincado organograma que dificultava a adesão dos colaboradores às diretrizes institucionais, mas, por outro lado, havia sistemas informatizados e eficazes para a realização da gestão. Uma das diretrizes era implantar o novo modelo em 100 dias de gestão. Esse processo contou com um grande esforço dos diferentes times da Anhanguera, que mergulharam na realidade da instituição, promovendo os mecanismos de mudança. Carbonari participou intensamente dessa fase, contribuindo de modo decisivo com suas opiniões. O tempo era escasso para todas as mudanças necessárias. O objetivo era alcançar a aprovação do Índice Geral de Cursos (IGC) em 2012, como de fato ocorreu.

Por sua vez, Carlos Afonso Gonçalves da Silva, diretor de Operações Acadêmicas, se viu diante de uma nova empreitada naquele ano. Uma de suas atividades diárias era solucionar problemas, incluindo aqueles que ultrapassassem a esfera educacional. Outra era selecionar e capacitar diretores para assumirem a gestão das novas unidades. Porém, um de seus maiores desafios surgiu quando ele já havia assumido a Diretoria Jurídica, por ocasião da compra do Centro Universitário Plínio Leite, em Niterói (RJ), em 2010. Figura estratégica para a Anhanguera, ele foi indicado para administrar o processo de aquisição.

– *Você vai, mas volta. Não pegue gosto pela beleza da cidade!* – decretou Carbonari.

Essa seria sua primeira experiência como reitor. E logo em uma instituição com mais de 70 anos, parte de uma cultura bem diferente de São Paulo. Em seis meses, o modelo foi implementado. Era hora de voltar para Valinhos, afinal o aviso do presidente, quando partiu para Niterói, fora bem claro. Ele retornou, mas não para a diretoria jurídica. Acabou assumindo a reitoria da Universidade do Grande ABC (UniABC).

Do outro lado da moeda, estavam os momentos tristes. A primeira despedida, talvez uma das mais sentidas, ocorreu em 2009, quando o professor José Luiz Poli, cofundador, decidiu sair da organização, sendo substituído por Carlos Afonso como vice-presidente. Ao deixar o grupo que havia ajudado a criar, Poli entregou-se em tempo integral ao projeto de alfabetização de jovens e adultos do qual já participava enquanto estava na Anhanguera. Também o administrador Alex Carbonari, agregado ao grande projeto desde o início, deixou o grupo, conforme planos preestabelecidos.

❖

Capítulo 7

Anhanguera: lições de inovação

Capítulo 7
Anhanguera: lições de inovação

Julho de 2012. Antonio Carbonari Netto ainda saboreava a repercussão de sua palestra na conceituada Universidade Stanford, na Califórnia. Lembrava-se perfeitamente dos instantes de surpresa que teve logo após sua chegada aos Estados Unidos, em um domingo à noite, pronto para se apresentar dali a três dias. Seu tema, cuidadosamente preparado, teria como foco a modernização das IES, fusões e aquisições. No entanto, na segunda-feira à noite, o vice-presidente do banco Goldman Sachs, que o convidara como conferencista, ligou para o hotel, avisando que precisaria trocar o conteúdo por algo que tratasse do futuro do trabalho.

Tanto melhor para Carbonari. Era um assunto que dominava muito bem. Ele rapidamente propôs o título "The future of work – Brazil and Latin America", para falar sobre a realidade do mercado e as diferenças entre "trabalho" e "emprego", entre "ocupação" e "formação". Sua apresentação foi um sucesso e terminou com um produtivo debate com outros reitores. Foi a oportunidade de defender ideias que, havia muito, implantara em sua própria universidade. Fora ali que *concebera os currículos enxutos, voltados para o mercado, com o propósito de capacitar os alunos para as ocupações, não para um emprego fixo*.

Não era sua primeira vez em Stanford. Em 2011, em sua estreia, falou sobre empreendedorismo, também pelo Goldman Sacks, com o tema "Business model of pos-secundary education in Brazil". Não era, nem mesmo, sua primeira participação como convidado em um fórum internacional de educação. Em 2010, ele foi conferencista na *Social Entrerprise Conference*, evento promovido pela Harvard Business School e Harvard Kennedy School, onde discursou para um público formado por financistas, investidores e educadores.

Naquele mesmo ano, ele foi agraciado com o prêmio *Inclusive Business Solutions*, organizado pelo Inclusive Business Group da International Finance Corporation (IFC). Carbonari foi um dos 12 vencedores, sendo reconhecido por sua liderança no desenvolvimento de um modelo de negócio inclusivo para os que vivem na base da pirâmide econômica global. Na mesma ocasião, ele também participou como conferencista no seminário "Inclusive business solutions: expanding opportunity and access at the base of the pyramid".

Na segunda apresentação em Stanford, porém, ele ficou surpreso com um episódio. Ao final da palestra, foi procurado por um dos diretores da Uniminuto, instituição de ensino superior católica da Colômbia, fundada em 1958. O religioso demonstrou interesse em trocar informações com o homem que havia lhe dado o exemplo para expandir suas faculdades que, então, somavam 150 mil alunos. Carbonari sabia que o seu modelo, ainda que inovador para a América do Sul, tinha similares nos Estados Unidos, como a Kaplan, universidade que também mantinha 150 mil alunos. No entanto, tinha certeza de que a Anhanguera havia iluminado algumas ideias que estavam latentes em gestores educacionais de outros países da América do Sul ou mesmo nos continentes do outro lado do Atlântico. Sabia que, embora não fosse o criador do modelo, havia dado o exemplo, assumido o desafio, com a coragem de enfrentar a "aristocracia do ensino", referindo-se à universidade europeia tradicional.

Desde a primeira apresentação fora do Brasil, ele vinha percebendo uma reação do público que não conseguia definir com uma palavra em português. Só conseguia pensar em *"Astonished*!" – sim, com direito ao sinal de exclamação. A mera tradução para "entusiasmado" ou "abismado" não seria capaz de expressar o que via no semblante de pessoas que, certamente, não imaginavam que uma instituição de ensino de um país em desenvolvimento pudesse trazer algumas ideias como aquelas "na ponta da vara". O questionamento era, invariavelmente, este:

— *Vocês pensam assim lá?*

– *Não é o que* **pensamos***. E sim o que* **eu penso, eu e minha equipe de diretores da Anhanguera** – respondia o conferencista.

Antonio Carbonari Netto e Maria Elisa Carbonari no campus de Harvard, EUA, 2010

De qualquer maneira, o público se mostrava empolgado, assustado, impressionado, surpreso. Como assim, no Brasil?! Mesmo os mais velhos, com mais experiência e vivência internacional, traziam nos olhos aquele brilho que Carbonari comparava ao de crianças da 5ª série apreendendo pela primeira vez um intrincado mistério da Matemática, muito além das operações básicas.

Eram novos paradigmas, nos quais poucas pessoas do hemisfério norte poderiam acreditar. E fato é que aquilo soava bem estranho para ambientes de sacrossanta veneração ao conhecimento acadêmico, como Harvard e Yale. Muitos reitores de universidades que seguiram o modelo da Anhanguera conversavam com Carbonari ao final das palestras e se diziam massacrados por instituições como aquelas.

Apesar disso, o choque de cultura ainda era menor nos Estados Unidos. O americano médio enxerga a *ocupação* e não a *estrita profissão*. Hoje, a maior ocupação naquele país é na área de vendas, enquanto no Brasil ainda é demérito para muitas pessoas atuar como vendedor. Não é difícil encontrar, em determinados grupos de profissionais de vendas, uma parcela considerável de matemáticos, engenheiros, filósofos, químicos e assim por diante. Nos Estados Unidos, os alunos são formados para ter **ocupações** e não apenas **profissões**, exceto os de algumas universidades extremamente conceituadas, que continuam aristocráticas e estão concentradas em formar a chamada "elite intelectual". E há outras diferenças fundamentais entre os dois países, como revela sempre Carbonari em suas palestras:

– *O conceito americano envolve mais responsabilidade, porque todas as instituições de ensino superior são pagas e custam caro, porém as pessoas mais pobres têm bolsas.* **No Brasil, os ricos fazem universidade pública, de graça, e os pobres que trabalham e estudam à noite precisam pagar formação superior. O que revela uma grande injustiça social.** *Nesse choque cultural entre o estudante brasileiro e o americano, há um aspecto curioso:* **nossos bolsistas, que vão para fora do País, são muito melhores que os próprios residentes. Porque esse jovem sofreu aqui, aprendeu, sistematizou o conhecimento; ele é menos rígido, mais aberto.** *A nossa cultura é mais maleável, porém esse estudante é mais determinista, ao contrário do americano, que é muito linear.*

Se o lado "educador" sobressaia nesses eventos, o viés do "gestor" jamais deixava de ter espaço na vida de Carbonari. Na AESA, a década começara com força total. Em 2010, embora tenham sido implantadas apenas três novas unidades – a Faculdade Anhanguera de Sumaré, em Sumaré (SP), a Faculdade de Mato Grosso, em Cuiabá (MT) e o Centro Universitário Plínio Leite, de Niterói (RJ) –, a Anhanguera Educacional já contava 57 faculdades e mais de 300 mil alunos.

A expansão continuou em 2011, alcançando as cidades paulistas de Sorocaba (Faculdade Uirapuru e Instituto Manchester Paulista de Ensino Superior), São Bernardo do Campo (Faculdade de Tecnologia Anchieta, Universidade do Grande ABC e Universidade Bandeirante Anhanguera), Guarulhos (Faculdades Integradas Torricelli) e Jundiaí (Faculdade de Tecnologia Prof. Luiz Rosa). Englobou também a Faculdade de Ciências e Tecnologia de Brasília, em Brasília (DF), e a Faculdade de Negócios de Belo Horizonte (MG). Chegou a Santa Catarina, por meio da Escola Superior de Educação Corporativa e da

Faculdade União Bandeirante, ambas do município de São José. E, por fim, ampliou-se a representação da Anhanguera no Paraná, com a incorporação da Faculdade de Ciências Aplicadas de Cascavel.

Um dos reflexos do sucesso da instituição foi negativo. Em 2011 e 2012, os Carbonari se viram reféns em alguns episódios de assaltos e sequestros relâmpagos. O trauma obrigou a família a se mudar para locais mais seguros.

Por outro lado, não faltaram sinais positivos. Por sua proposta inovadora, a Anhanguera atraiu a visita de John Sperling, do Apollo Group, de Phoenix, Arizona (EUA), que somava aproximadamente 380 mil alunos. Havia um motivo: os investidores norte-americanos tinham interesse em comprar a instituição de ensino brasileira. E poderiam ter concretizado a intenção não fosse um pequeno problema: não havia capital suficiente para isso.

— *Vender a Anhanguera?! Como assim?!*

Mas não seria exatamente uma venda...

O ano de 2013 seria marcado por uma grande transformação na AESA, embora apenas uma unidade tenha sido incorporada, a Faculdade Anhanguera de Porto Alegre, em Porto Alegre (RS). A mudança, a mais significativa de todas, colocaria a instituição no rumo de se tornar o maior organismo de ensino privado do Brasil. De que maneira? A partir da fusão com outro grande grupo.

A ideia, que a princípio poderia parecer absurda, tinha sua razão de ser. E começou a tomar forma a partir de uma visão puramente matemática. É claro, vinda do próprio Carbonari. Mais uma vez, o gestor previu o *breaking point* para a instituição que criara. Outros haviam marcado aquela trajetória, sendo o primeiro deles a entrada em uma grande cidade, Campinas. Depois o avanço para outros estados brasileiros, a abertura do capital...

– *Quando estávamos estruturando a Anhanguera, sabíamos que chegaria um momento de decisão: vamos continuar sozinhos? Vamos vender? Vamos fazer uma fusão? Como você dá continuidade ao crescimento de uma instituição? Por crescimento orgânico ou aquisições. No primeiro caso, você vai ao Ministério da Educação e solicita a criação de "x" novos cursos na cidade "y". E isso se concretiza, em média, depois de três anos. No segundo, a prática usual é incorporar faculdades de menor porte.*

Dessa equação de dois binômios surgiram as primeiras conversas com o Grupo Kroton, de Minas Gerais – à época ainda o Grupo Pitágoras –, então presidido pelo o ex-ministro do Turismo Walfrido dos Mares Guia. E, também, com os grupos Estácio de Sá, do Rio de Janeiro, e Ser Educacional, de Pernambuco. Enfim, em 2013, a decisão redundou no processo de fusão entre Kroton e Anhanguera, depois de algumas reuniões entre a direção de ambas as instituições.

Observem-se os dois associados isoladamente.

Naquele ano de 2013, o Grupo Anhanguera seguia como líder do setor da educação privada com a rede de ensino voltada às classes C e D e cerca de 459 mil alunos em todo o País, com faturamento de 1,6 bilhões de reais.

Fundada em 2000, na capital mineira, como Faculdade Pitágoras, a Kroton seguiu os passos da Anhanguera e, em 2007, abriu seu capital. Dois anos depois passou a ter como sócio o fundo de participações Advent, que promoveu mudanças na gestão. Mais tarde, a empresa comprou a Iuni, rede de ensino de Cuiabá. O passo maior da Kroton veio em 2011, com a compra da Universidade do Norte do Paraná (Unopar) por R$ 1,3 bilhão. Essa aquisição a levou rumo à liderança no ensino a distância do País.

Os dois grupos mantinham posições de destaque entre as maiores empresas de educação do mundo na Bolsa de Valores e, desse modo, estavam em momento oportuno para a fusão, anunciada em 22 de abril de 2013. Com a união das duas fortes companhias do setor no País, foi criado o maior conglomerado educacional do mundo. Ultrapassando a chinesa New Oriental, o grupo deveria somar cerca de 1 milhão de estudantes nos cursos de graduação, mestrado e doutorado em 120 *campi* e 600 operações de ensino a distância, em uma cobertura que chega a 500 cidades de todos os estados do País.

De seu ponto de vista, que sempre foi o do projeto educacional voltado à realização do projeto de vida dos universitários, Carbonari entendeu que as boas estruturas das duas instituições, a soma das sinergias, a unificação de processos de aprendizagem e a governança corporativa integrada levariam a nova organização à posição de maior do mundo em número de alunos incluídos socialmente.

No controle da nova companhia, os acionistas da Anhanguera ficaram com 42,52% das ações e os acionistas da Kroton com 57,48%. Logo após a assinatura, Gabriel Mário Rodrigues assumiu a presidência do Conselho da Administração, que também é integrado por Carbonari e Maria Elisa. O novo presidente e principal executivo da Kroton Educacional é Rodrigo Galindo. Concluído o processo de fusão com a Kroton, o nome Anhanguera somente continuaria a existir como unidades acadêmicas, e não mais institucionalmente.

A primeira unidade a ser implantada após a associação entre Kroton e Anhanguera foi a Faculdade Anhanguera de Pindamonhangaba, no interior de São Paulo. As duas instituições passaram a entregar o resultado da soma daquilo que cada uma delas já possuía: os melhores pontos positivos, sua *expertise*, sejam eles na gestão administrativa ou na estrutura acadêmica. Duas empresas de porte que uniram sinergias para construir algo ainda melhor.

Mesmo antes da aprovação pelo Conselho Administrativo de Defesa Econômica (Cade), que ocorreu em julho de 2014, a fusão já havia produzido efeitos no mercado brasileiro de educação. Isso porque esse tipo de operação gera redução de custos operacionais vantajosa para o setor. Ocorre uma simbiose, uma atuação complementar que obriga os concorrentes a fazer o mesmo para conseguir oferecer as melhores condições ao público-alvo. Um movimento que pode fazer o governo ampliar os incentivos em direção à qualidade da educação. A união das empresas inaugura um novo ciclo para o setor também no que diz respeito à participação de agentes financeiros na gestão das instituições de ensino. Dos cinco maiores grupos educacionais brasileiros, que juntos reúnem cerca de 1,4 milhão de alunos, quatro são comandados por empresas do setor financeiro.

O que a Anhanguera trouxe como grande inovação para o ensino acadêmico no Brasil em sua experiência de 20 anos de atuação? A resposta é muito clara. O conceito pioneiro criado por Antonio Carbonari Netto mudou radicalmente a realidade do ensino universitário no País.

Atualmente, cerca de 80% dos anos alunos que estudam à noite já estão empregados. Eles procuram uma universidade com o intuito de alcançar o aperfeiçoamento, a capacitação adicional e um diploma que melhore sua vida profissional, seu projeto de vida. De acordo com pesquisas da Fundação Getulio Vargas, um certificado de conclusão de um curso superior pode injetar um aumento de 2,7% ao ano aos vencimentos mensais de um profissional, nos cinco primeiros anos de sua atuação. Não restam dúvidas de que o diploma é uma ferramenta de ascensão social.

A Anhanguera também contribuiu para remover outra discrepância entre os estudantes das classes C e D: a herança das falhas no ensino básico. Desde o início, a instituição realiza o projeto de nivelamento. As primeiras três ou quatro semanas são dedicadas à revisão dos conceitos básicos do Ensino Fundamental e Médio. O Programa

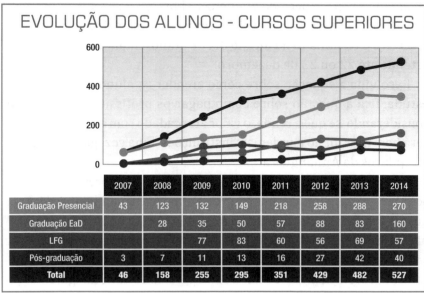

Fonte: SIAE

do Livro-Texto (PLT), um dos principais diferenciais da Anhanguera, também contempla conteúdos para essa finalidade, incluindo cadernos de atividade, que ajudam em muito a minimizar as deficiências que historicamente são percebidas nos alunos oriundos do ensino básico público.

– Os melhores alunos da escola básica estão na escola privada e depois vão para a universidade pública. O aluno da escola pública, que estudou à noite, vem para as faculdades privadas. Então assumimos uma correção dessa deficiência, coisa que as públicas não fazem – afirma Carbonari.

A segunda pergunta é: como é possível realizar um projeto dessa dimensão, com tais resultados, e com mensalidades baixas?

A resposta está nos seis pilares de sustentação da Anhanguera.

A maioria das faculdades tem um semestre letivo de 15 semanas de duração, com quatro aulas por período, o que resulta em 60 horas/aula.

Assim, ao lado de José Luiz Poli, a quem define como seu "calculador-imediato", Carbonari fez o seguinte: reduziu o período para apenas três horas/aulas, mas na contrapartida aumentou o número de semanas para 20, o que resulta nas mesmas 60 horas/aula.

Por que isso? Pensando no aluno que trabalha o dia todo e vai para a faculdade à noite, o período de apenas 3 horas/aula é mais "palatável", mais *light*. Para isso é necessário começar o primeiro semestre em fevereiro e terminá-lo no último dia de junho, enquanto o segundo se estende até 22 ou 23 de dezembro.

Resolvida a equação sobre como atender ao aluno que trabalha e estuda, fica a questão sobre como pagar os profissionais de ensino, considerando-se que a renda, o valor arrecadado com as mensalidades, será bem inferior ao das demais instituições, uma vez que esse é outro dos pilares da Anhanguera.

Em quase todas as IES, os vencimentos dos professores são pagos de acordo com o seguinte cálculo: quatro aulas por semana, multiplicadas por quatro e meia e adicionado um sexto, o que resulta no salário mensal. A partir do momento em que um professor trabalha menos por semana, seu salário é reduzido na mesma proporção, resultando em uma folha de pagamento 25% menor. Isso atende a outro parâmetro da Anhanguera, aquele que estipula que os custos totais com a folha de pagamento, incluindo

ISD - ÍNDICE DE SATISFAÇÃO DISCENTE

Dimensões	2012/1	2012/2	2013/1	2013/2
Acadêmica	80%	79%	83%	83%
Atendimento	65%	65%	70%	72%
Infraestrutura	74%	72%	74%	73%

Fonte: DAI - março de 2014

todos os encargos sociais, não deve ultrapassar 40% das receitas. A estratégia permitiu à instituição manter sua capacidade de investimento.

O advento do Ensino a Distância (EaD) também modificou os elementos dessa equação, a partir do momento em que o MEC determinou que até 20% da carga horária pode ser dada nesse modelo. Desse modo, a Anhanguera criou o conceito de *sexta free*, eliminando um dia do calendário semanal de aulas e totalizando 12 horas/aula pagas. Com a nova capacidade de investimento, os recursos foram aplicados na otimização do sistema de EaD.

Outro ponto nevrálgico sempre esteve na contratação de professores, que sempre vieram por indicação e não por seleção pública.

– Sempre procuramos fugir de ranços trazidos por pessoas que desejavam manter certo privilégios que não combinavam com a política trabalhista da Anhanguera. Queríamos efetivar um projeto pedagógico que tivesse a nossa visão e não aquela negociata com parte interessada, do tipo "aqui em nossa cidade queremos isso"; porque aí o currículo vira distribuição de benesses, o que redunda em meritocracia, algo a que me oponho ferrenhamente.

Também o PLT se mostra uma vantagem não apenas para os alunos, que têm acesso a conteúdos produzidos por autores consagrados a um custo inferior a 20% dos preços das livrarias – além de pagarem tudo em quatro parcelas –, mas também para os autores. A média de vendas hoje é de dois milhões de exemplares por ano. Com isso, o autor que vendia cinco mil livros a cada dois anos passou a vender cinco mil exemplares por semestre. Além disso, recebem não mais os conhecidos 10% do preço de capa, mas um real por exemplar. Ou seja: se o autor vender 30 mil livros no semestre, receberá 30 mil reais – e o pagamento é feito por mês.

Qual é a tese que está por trás disso?

Este é outro vetor estratégico.

Normalmente, os autores desses livros são doutores, recebem 20, 30 ou 40 mil reais por mês e têm um contrato com a Anhanguera como professor-pesquisador em tempo integral. Uma vez por mês, eles assumem o compromisso de dar capacitação ao corpo docente. Assim, o instituto de pesquisas da Anhanguera passa a contar com cerca de 200 PhDs, doutores e mestres em tempo integral – o dobro do exigido pelo MEC –, um contingente que atua por meio das normas da CLT, recebendo quatro horas/aula como professor dedicado uma vez por semana e outras 40 horas como pesquisador, o que atende ao total obrigatório de 44 horas semanais.

– *Eu sempre tive um Departamento de Inovação e Engenharia Pedagógica. Uma de suas funções era analisar um currículo de determinado curso – ver se ele é exequível e barato para o aluno e quanto geraria de custos com pessoal. Nós tínhamos uma equipe de quatro*

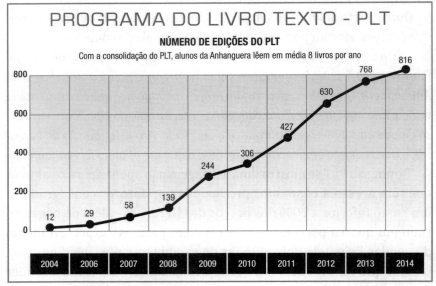

Fonte: Anhanguera Publicações - abril de 2014

ou cinco pessoas, para a qual eu colocava o problema. Depois de uma semana, eu recebia diferentes soluções.

Esse Departamento também era o "guardião" da integridade dos currículos – outro dos pilares que sempre sustentaram a Anhanguera.

– *Sempre fiz questão de uma coisa: ninguém muda o currículo na instituição. E nem o estatuto, que é a nossa Bíblia, nossas normas durante 20 anos.*

Em relação aos cursos mantidos em todo o País, depois da fusão com a Kroton, 2.100 cidades passaram a ser atingidas – cada uma com média de 20 ou 30 cursos, exceto pelos mais procurados, como Administração, que totaliza 80 cidades. No que diz respeito às modalidades de cursos, são cerca de 110.

Também por conta da fusão, Carbonari passou a presidir o Comitê Acadêmico da, agora, Kroton Educacional – um setor estratégico, posicionado entre CEO[1] e o Conselho da Administração. É o responsável pelos projetos pedagógicos, a partir de uma equipe central de estratégia, inovação e engenharia pedagógica. Há ainda o Comitê de Responsabilidade Social, o de Finanças e o de Recursos Humanos.

Para identificar mais claramente o modelo da Anhanguera, a apresentação elaborada por Antonio Carbonari Netto, especialmente para uma palestra no IFC[2] é a mais indicada.

Em primeiro lugar estão os pilares da Anhanguera, mencionados a seguir:

> **Plataforma de aprendizado completa e diversificada**
> – As mesmas matrizes curriculares de um mesmo curso em todas as unidades em que funciona.
> – Os mesmos livros-textos em cada disciplina, mesmo que em cursos diferentes.

---

1 Chief executive officer (CEO). Em português: diretor executivo.
2 International Finance Corporation (IFC), uma agência do banco mundial.

– O mesmo planejamento das aulas e atividades, o mesmo calendário, a mesma data de provas.
– Um conjunto de disciplinas humanísticas (oito no caso) oferecido nas matrizes curriculares de todos os cursos, seja ele de medicina, veterinária, administração, matemática, engenharias etc. Isto dá escala para adoção de um mesmo livro-texto (disciplinas adotadas pela Anhanguera: Desenvolvimento Pessoal e Profissional, Direito e Legislação, Introdução à Economia, Desenvolvimento Econômico e Organismos Internacionais, Direitos Humanos e Relações Internacionais, Responsabilidade Social e Meio ambiente, e ainda Leituras Clássicas). Atualmente elas são oferecidas no modelo EaD, on-line ou de modo interativo.

Qualidade e excelência no ensino de pós-graduação
Os cursos de pós-graduação *lato sensu* sempre foram oferecidos com base em um planejamento pedagógico com vistas ao mercado de trabalho e ao desenvolvimento do projeto de vida do aluno. A qualidade sempre foi vista como o atendimento das reais necessidades e aspirações dos estudantes e não um conjunto de conhecimentos ou competências pré-fixado por professores ou coordenadores, titulação docente, preço, etc.

Currículo dirigido aos alunos e ao mercado
As matrizes curriculares e seus conteúdos foram reelaborados com base em consultas aos órgãos de classe, conselhos profissionais, docentes e consultores especializados. Um número substancial de mestres e doutores assessorou os educadores e especialistas pedagógicos na criação e elaboração dos planos de ensino e aprendizagem das disciplinas e atividades supervisionadas.

Professores de tempo parcial ou horistas
Docentes envolvidos em atividades de ensino e aprendizagem, com treinamento específico, que também trabalhavam em suas ocupações profissionais, sem deixá-las, para não perder a

realidade do mundo do trabalho. Número mínimo de professores apenas acadêmicos.

Equipe de gestão experiente
– Coordenadores de cursos escolhidos entre os professores mais ligados às suas ocupações profissionais.
– Diretores de unidade experientes e treinados em modelos próprios de capacitação de processos administrativos e acadêmicos com dedicação integral na unidade.
– Equipe de diretores regionais que garantiram a integração dos currículos, programas e captação de alunos para os cursos de graduação.
– Equipe de assessores, consultores, profissionais de várias áreas administrativas, contábeis, jurídicas e pedagógicas com treinamento acadêmico, com visão empresarial de empresa acadêmica.

Faculdade com cursos noturnos, preferencialmente de bairro
As unidades sempre tiveram localização em bairros das grandes cidades e não no centro, o que facilita a locomoção dos alunos e professores e evita viagens demoradas.

Instalações simples (enxutas)
– Prédios e instalações geralmente alugados e não próprios para os custos de construção por fazer ficarem abaixo dos preços de mercado, gerando um custo operacional mais barato, de boa qualidade e sem luxo.
– Laboratórios com almoxarifado central prontos para entregar os equipamentos e dispositivos na hora da aula, em salas especialmente preparadas para as atividades e não em ambientes fixos e exclusivos.

Processos administrativos e acadêmicos padronizados
– Isso garante postos de trabalho de qualidade e preserva/reproduz o modelo de negócio com consistência.

– Departamento de treinamento de recursos humanos e departamento de pessoal unificado, departamento de marketing e relacionamento, setor de produção de recursos audiovisuais, setor de orientação e supervisão pedagógica etc. Todos integrados e centralizados em um único Centro Administrativo.

Estrutura de gestão centralizada
– Constitui-se de direção da entidade, consultoria acadêmica e de gestão administrativa, coordenação pedagógica central, departamento de compras e demais gestões do alto e médio escalão. Todos ocupam o mesmo Centro Administrativo, pois isso garante forte controle das operações e impulsiona ganhos de escala.

Ao longo de 20 anos de atividade, o compromisso com a qualidade evidenciou-se pelos intensos e constantes investimentos em seu corpo docente e de funcionários, em sua infraestrutura, bibliotecas, laboratórios e nos programas institucionais (PI).

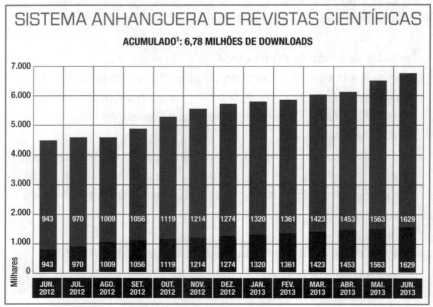

Dados acumulados desde agosto de 2008. Fonte: Counter/SARE - julho de 2013

Os PI, mencionados a seguir, são desenvolvidos sempre pensando no aprimoramento e na qualidade do atendimento aos alunos: Programa de Pesquisa de Iniciação Científica (PIC), em que bolsas são concedidas para alunos desenvolverem pesquisa sob a orientação de professores; Programa Institucional de Capacitação Docente (PICD), no qual bolsas são concedidas para docentes que estão cursando especialização, mestrado e doutorado; Programa do Livro-Texto (PLT); Serviço de Assistência ao Estudante (SAE), orientação pessoal psicológica e financeira aos estudantes, e os Programas de Extensão Comunitária, em que ações de responsabilidade social permitem o exercício da cidadania pelos estudantes, além de auxiliar a comunidade no acesso aos bens educacionais e culturais.

Em termos de estratégia, a instituição sempre manteve o foco na oferta de ensino superior de qualidade por um preço acessível aos jovens trabalhadores de média e de média baixa renda, com ênfase

Carbonari recebe o título de Doutor Honoris Causa da Universidade Potiguar, no Rio Grande do Norte, 2010

nos cursos de graduação. E, um grande diferencial, o currículo dirigido à realidade do mercado de trabalho, à demanda dos empregadores. Porém, paralelamente, ela manteve e preocupou-se em aprimorar sua eficiência operacional. Buscou a expansão do seu negócio por meio de diferentes canais, ampliando o valor de sua marca e investindo continuamente em tecnologia educacional.

Funcionando como modelo acadêmico com unidades destinadas a jovens trabalhadores de média e de média baixa renda, a Anhanguera se consolidou em um mercado altamente competitivo por, em primeiro lugar, dispor da capacidade de oferecer ensino superior de qualidade a preços acessíveis. Para isso, configurou-se como modelo de negócio padronizado e escalonável, mas com experiência no cumprimento da regulamentação, somado à administração experiente e forte suporte de acionistas.

Com projeto pedagógico unificado, a instituição fez frente à concorrência com rígido controle de qualidade, proposto de maneira sustentável, com base no binômio responsabilidade social e ambiental.

Sempre olhando para novos horizontes, Carbonari jamais deixou que o passado o segurasse. Sempre ultrapassou etapas, sem olhar para trás.

Repensar a educação, um exercício político

A visão de Antonio Carbonari

A Anhanguera Educacional nasceu com um norte bastante claro: proporcionar, por meio da educação, o alargamento do horizonte de possibilidades profissionais e de vida para aqueles que não têm acesso ao Ensino Superior. Um ideal que começara a se delinear no final dos anos de 1970, quando Antonio Carbonari Netto trocou os bancos escolares pela oportunidade de ser professor universitário.

No entanto, embora tenha dedicado toda a sua vida ao Ensino, inicialmente nos primeiros níveis, e depois no Superior, desde quando à frente do grupo educacional por ele criado, Carbonari sempre teve a certeza de que, para mudar de verdade o País, é preciso rever a educação desde sua base. E nos mesmos moldes que realizou em suas faculdades. Um modelo que desmistifica paradigmas, simplifica currículos, inova metodologias e cria oportunidades de ensino. Isso está expresso nas opiniões e declarações contundentes que faz sobre o ensino no Brasil.

EDUCAÇÃO INFANTIL

O primeiro jardim da infância brasileiro foi inaugurado em 1895, em São Paulo. Até o início do século XX, as creches criadas no País tinham como objetivo resolver os problemas sociais decorrentes da modernização do mercado de trabalho, mais exatamente o das mães que se empregavam na nascente indústria. Por isso mesmo, elas tiveram, durante muito tempo, caráter distinto do educacional. Eram os chamados "parquinhos" que abrigavam crianças apenas para entretê-las enquanto os pais trabalhavam.

O desenvolvimento dessas instituições somente se deu na década de 1970, com um aumento sensível na demanda por vagas em escolas para crianças de 0 a 6 anos. Mesmo assim, foi algo desordenado, o que redundou em precariedade de atendimento, feito, em geral, por profissionais sem qualquer formação pedagógica. Em 1975, o Ministério da Educação criou a Coordenação de Educação Pré-Escolar para atendimento de crianças de 4 a 6 anos. Ainda assim, o governo continuou promovendo, em paralelo, políticas públicas descoladas do sistema de ensino. Isso se refletiu na separação entre as creches, para crianças de 0 a 3 anos, vistas como locais destinados às camadas populares, e a pré-escola, segmento voltado para as classes média e alta, uma espécie de porta de entrada para a Educação, mas apenas para as classes mais altas.

Essa realidade foi modificada pela Constituição Federal de 1988, que determinou ser a Educação Infantil um dever do Estado brasileiro. Com isso, o segmento tornou-se objeto de planejamento e políticas públicas – algo reafirmado pelo Estatuto da Criança e do Adolescente (ECA), em 1990. Seis anos mais tarde, com a promulgação da Emenda Constitucional que criou a Lei de Diretrizes e Bases da Educação (LDB), nº 9.394, a Educação Infantil passou a ser a primeira etapa da educação básica, integrando-se aos ensinos Fundamental e Médio.

De acordo com o Censo Escolar da Educação Básica 2013, elaborado pelo MEC, entre 2012 e 2013, houve crescimento de matrículas na Educação Infantil. O aumento foi de 7,5% na quantidade de matrículas, ou seja, o total de crianças atendidas passou de 2,5 milhões para 2,7 milhões. Desse número, 1,7 milhão de vagas são municipais; 4,9 mil estaduais; 1,2 mil federais, e 999 mil privadas. Redes municipal e privada registraram crescimento semelhante no número de matrículas na Creche: 7,56% e 7,47%, respectivamente. Já a Pré-Escola cresceu 2,2%, totalizando 4.860.481 matrículas.

Houve progressos, mas muitos municípios continuam a enfrentar dificuldades: atender à demanda crescente, contar com profissionais preparados para atuar com essa faixa etária, garantir o devido suporte às entidades conveniadas e promover supervisão e programas de formação continuada para toda a rede.

Carbonari: primeiros passos na sociedade

Além das primeiras letras

Acho muito importante essa etapa da formação escolar e de vida das crianças. A mais importante por sinal.

Penso que seria fundamental a existência de creches e escolas de educação infantil em tempo integral. A creche – pela necessidade de trabalho das mães –, atenção primária à saúde e preparação para a sociabilidade.

Na educação infantil propriamente dita, os princípios da sociabilidade, amizade, fraternidade e cooperação devem anteceder a alfabetização. E aí essa deverá ser integrada, além de letras e números, uma forte programação de esportes e cidadania. Essa é a melhor idade para que as crianças estabeleçam fortes laços culturais. Imperativos os conteúdos da leitura dirigida e da aritmética prática, com muitos aplicativos da vida real. Sem meias palavras, educação infantil em tempo integral, das 8h às 17h.

Os recursos para tal mudança radical certamente existirão, vindos das três esferas de governo, para uma ação integrada. Muda-se assim, uma geração de crianças mal formadas, mal-educadas e sujeitas à concorrência maléfica dos maus vizinhos e das más companhias.

Alfabetização em multiorganismos

*Acredito seriamente que, levando-se em conta que em algumas regiões o acesso à escola envolve vencer grandes distâncias e que a educação não pode esperar, a **alfabetização** poderia ocorrer em instituições à parte da rede de ensino formal, com pequenos grupos de alunos da comunidade e professores devidamente qualificados. Uma de minhas irmãs foi professora primária no interior e dava aulas em uma fazenda. Como a cidade e, por consequência da época, também a escola ficavam muito longe, mesas, cadeiras e lousa eram postas em um dos galpões, onde as crianças das redondezas eram alfabetizadas e aprendiam a contar, fazendo todo o percurso do antigo curso primário. Só na etapa* *seguinte, o então denominado ginásio, é que os estudantes procuravam uma escolar maior.*

Para muitas pessoas é difícil entender que o aluno se forma inclusive fora da escola. Por que não em clubes, associações comunitárias, igrejas? *Eu acredito que em cada igreja, seja ela católica, evangélica, luterana, espírita, enfim, poderia funcionar uma escola dominical e fazer o ciclo de alfabetização. Com isso, o problema do analfabetismo seria sanado. As pequenas igrejas dos bairros de periferia, mais distantes, fariam muito bem o dever dos propósitos da alfabetização. Seriam os chamados "polos de aprendizagem e alfabetização".*

FAMÍLIA: A ORIGEM DA EDUCAÇÃO

Aprender perto de casa – mesmo que em locais alternativos, como igrejas, clubes e entidades – também atende a um requisito importante para a educação das crianças pequenas: o **envolvimento da família**. *Em primeiro lugar, é necessário pensar nas mães. Nas periferias, muitas delas têm dificuldade de conseguir uma vaga para o filho em uma creche ou pré-escola pública. Quando a vaga existe, na prática isso não quer dizer, necessariamente, que a criança será ensinada.* **Com mais "polos de alfabetização" dentro das próprias comunidades, os pais teriam mais facilidade em garantir o acesso dos filhos aos estudos e acompanhar sua evolução.**

CRECHES PÚBLICAS NÃO ALFABETIZAM

As creches públicas, diferentemente das particulares, não propiciam o início de alfabetização. O governo está faltando muito com a sociedade, então esses garotinhos(as) ficam ali em **um esquema "quebra galho", um depósito de crianças para os pais poderem trabalhar.** *Isso precisa mudar com urgência. Nessas creches, principalmente públicas, a iniciação à sociabilidade, à religiosidade (ainda não religião), ao respeito e a princípios básicos de convivência devem ser largamente praticados. É preciso pensar que a concorrência aí fora, onde grassam pobreza e desnutrição, certamente levará essas crianças para o abandono social.*

> **REDUÇÃO DO VOLUME DE CONTEÚDO**
> **Na Educação Infantil, o ensino deveria se concentrar em muitas atividades com conteúdo básico para a sobrevivência social:** ler, escrever e fazer operações elementares – soma, subtração, divisão e multiplicação. Da mesma forma, com ênfases diferentes, talvez, a prática das atividades sociais, de convivência, amizade e respeito terão seu devido lugar.

ENSINO FUNDAMENTAL E MÉDIO

Apesar de diversas tentativas de ajustar de modo adequado o ensino básico brasileiro desde a proclamação da República, em 1889, isso somente ocorreu a partir de 1942, quando o Ministro da Educação Gustavo Capanema (Governo Getúlio Vargas) deu início à reforma de todos os ramos do ensino. Entre 1942 e 1946, oito decretos-lei foram postos em execução visando tal intento, os quais receberam o nome de Leis Orgânicas do Ensino.

Outra mudança drástica no ensino básico deu-se a partir de 1964, no período do regime militar imposto pelo Golpe de 1964. Foi, porém, a Lei nº 5692/71 que fixou as diretrizes e bases para o ensino básico em âmbito nacional. Ela apresentava dois pontos fundamentais: em atendimento à Constituição de 1967, indicava a escolaridade obrigatória dos 7 aos 14 anos, mas vinculava essa obrigatoriedade ao ensino de 1º Grau (8 anos), constituído na junção dos antigos Primário e Ginásio, e a generalização do ensino profissionalizante no nível Médio ou 2º Grau.

Esse ciclo colegial estava dividido em Clássico, Científico e Técnico, com duração de três anos cada, fornecendo ao aluno não apenas conhecimentos teóricos sobre as disciplinas, mas também capacitação para o desenvolvimento humanista, patriótico e cultural. Nova mudança ocorreu somente em 1996, quando a LDB, aprovada em dezembro (Lei nº 9.394), dividiu a educação formal em Ensino Básico (antiga Pré-escola), Fundamental I e II (1ª a 9ª séries), Médio (antigo 2º Grau), profissionalizante e superior.

O Censo Escolar da Educação Básica 2013, elaborado pelo MEC, aponta que o total de matrículas na Educação Básica – contabilizando a rede pública e a particular – caiu 1% entre 2012 e 2013 (de 50,5 milhões para 50,04 milhões). O maior decréscimo ocorreu nos anos finais do Ensino Fundamental: 2,8%. O total de alunos, que era de 13,6 milhões, caiu para 13,3 milhões.

No Ensino Médio, entre 2012 e 2013, as matrículas caíram 0,6%, de 8,37 milhões para 8,31 milhões. O total de alunos matriculados nessa etapa de ensino não cresce desde 2007, ano em que foi registrado um total de 8,36 milhões de estudantes matriculados.

Na Educação Integral (com sete ou mais horas diárias), o número de matrículas cresceu 45,2% no último ano no Ensino Fundamental. Se observado desde 2010, o aumento é de 139%, alcançando 3,1 milhões de alunos matriculados nessa modalidade. A Educação Profissional também registrou crescimento, especialmente na rede federal, onde a quantidade de matrículas cresceu 8,4%, dados dos últimos dois censos, atingindo o total de 228.417 alunos.

CARBONARI: ENSINADO ESTRUTURADO, DINÂMICO E PROVOCATIVO

O SUCESSO DO ENSINO INFANTIL INTEGRAL

No ensino público, o que funciona bem hoje são as escolas de Ensino Infantil em tempo integral. É um sistema organizado, porém aberto. O aluno fica o dia todo na escola e tem cultura, esportes, informação, mas, durante o período integral, tem a hora de aprender o conteúdo e a do saber fazer.

PIRÂMIDE ESTREITA NA BASE

Essa geração do ensino básico de hoje é melhor. A minha formou alguns expoentes, mas não a base: mais de 90% dos meus colegas ficaram no caminho. Não era um sistema justo. Hoje há uma ascensão bem maior de alunos, embora ainda seja pouco. Metade dos estudantes do Ensino Fundamental não vai para o Médio. E, deste último ciclo, metade não vai para o Superior. Ainda temos uma pirâmide um pouco alta e larga na base. Entre outras coisas, **falta qualificação dos professores. Em muitos locais do País, os alunos sequer possuem diploma que os habilitem para a tarefa.**

Sem contar as regiões nas quais eles ainda têm que pegar um barco para ir às aulas.

A NECESSIDADE DE DISCIPLINA

*Aluno "solto" não aprende. Não aqui no Brasil. **Nossa cultura tem limites mais frouxos, somos mais indisciplinados**. No Japão, por exemplo, se colocar os alunos em frente a uma televisão transmitindo um conteúdo educativo, eles aprendem tudo sozinhos.*

FALTA DE ENGAJAMENTO DOS ALUNOS

*No papel, o currículo do Ensino Médio prepara bem os alunos para a universidade. Tudo ali está preparado e parece maravilhoso em todas as áreas, só que não há um engajamento do aluno. **Muitas vezes há falta de interesse, até pelos problemas sociais, de grande parte dessa juventude**. Há também uma revolta implícita, em particular pelos processos mais antiquados de ensino, em que se destacam o excesso de conteúdo e a falta de atratividade. O atual ensino médio não prepara os jovens para iniciar uma profissão ou ocupação – é estritamente acadêmico, como meio de acesso à universidade. E quem não vai para as universidades? Muitos precisam trabalhar para sobreviver! E com que preparo profissional ou pré-profissional? Esses jovens certamente sentem-se logrados.*

Quem se importa? A aristocracia educacional não se importa com os filhos dos outros – só com os seus que terão grande acesso às universidades.

PROGRESSÃO CONTINUADA

A progressão continuada veio para suprir os problemas da alfabetização que, por algum motivo, não foi eficiente. Ocorre que isso virou uma questão política, que coloca os partidos em posições antagônicas. Isso porque manter o aluno inadimplente e/ou reprovado tem um custo que pode chegar a 40% do volume de recursos do Estado. Eu sou favorável à progressão automática porque evita esse dispêndio ao Estado, mas é necessário rever a metodologia.

Reduzir o conteúdo a ser ensinado na Educação Infantil, mas fazê-lo muito bem, com competência. *O ideal seria: 1) prover assistência às famílias para garantir a organização desse núcleo (em muitos casos, temos por trás dessa questão famílias desestruturadas ou crianças que vivem em comunidades extremamente pobres); 2) proporcionar alfabetização em multiorganismos. Desse modo, qualquer criança que chegar à primeira série do Ensino Fundamental saberá comunicar-se, ler, dirigir-se às pessoas e argumentar sobre questões simples.*

REESTRUTURAÇÃO DO ENSINO MÉDIO

Nosso Ensino Médio precisa ser reestruturado. Os alunos se deparam com um número muito grande de especificidades de matérias como Física, Química ou Biologia. **Tem gente estudando estrutura de DNA no oitavo ano. É muita coisa.** *Isso é assunto para o Ensino Superior. O que deve ser feito é melhorar o currículo do Ensino Médio, ser mais complacente com a capacidade de aprendizado do nosso aluno e aí sim, no Ensino Superior, instituir um semestre de nivelamento para que coloque esse aluno em contato com o que precisará saber para a área profissional que escolheu.*

NIVELAMENTO DE CONHECIMENTOS

Desde a fundação da Anhanguera, há mais de 20 anos, existe um projeto de nivelamento. Todos ingressantes no curso de Engenharia são obrigados a passar um mês estudando Matemática e Física pelo menos um bimestre; na área de Administração ou de Contabilidade, eles revisam Matemática e Português; na de Saúde, retomam conceitos de Química e Biologia. Há quem diga que alunos de faculdades particulares não têm "nível" adequado, **mas eu digo que "nível" é uma questão de acúmulo de conhecimento, não de competência.** *Precisamos acabar com a intolerância contra jovens que saem do Ensino Médio com um pouco menos de preparo. A questão de base de conhecimentos é muito relativa. Como professor, eu defendo que tenho a obrigação de auxiliar, esteja o aluno em que nível estiver.*

CONTEÚDO *VERSUS* COMPETÊNCIAS

Há outro defeito na formação básica. Sempre que se menciona "nível", seja no Ensino Médio, seja na Educação Superior, se fala em conteúdo. O mundo está mudando. Conteúdo está disponível na internet; o importante é desenvolver competências nos alunos. Eles têm que saber estudar sozinhos, saber encontrar a fonte. **É fundamental que tenham também atitude: o querer fazer**. Se o aluno não quiser fazer algo, não há professor, mesmo que gênio, que coloque na cabeça dele aquilo que ele deve aprender. **O grande vetor da formação do aluno no Ensino Médio é a motivação**. Se ele não tiver a motivação para ir para a faculdade ou para o técnico, não será fácil carregar esse peso morto. Porque esse aluno vai, inclusive, atrapalhar o desenvolvimento de outros da mesma classe.

VELOCIDADE DO CONHECIMENTO

Hoje, o conhecimento de Matemática dobra a cada dois anos. O aluno de Licenciatura que faz um curso de três ou quatro anos precisa correr. Em Química, a velocidade é maior: o conhecimento mundial dobra a cada seis ou sete meses. Na área de Biologia Molecular, a cada seis ou oito meses surgem grandes novidades. **Quando isso passa para os livros didáticos do Ensino Médio? Demora uns cinco anos...**

CONTEÚDOS DESATUALIZADOS

Aprendi muitas coisas que não serviram para nada, mas eu tive que estudar porque o professor queria. Os professores que são autores de livros e aqueles que definem políticas educacionais precisam entender que não devem exigir, obrigatoriamente, que o aluno aprenda aquilo que eles mesmos aprenderam no passado. **O professor deve estar atento às novidades, entrar na modernidade**. Essa oxigenação também é importante para os professores universitários, para que se tornem realistas.

FALTA DE INFRAESTRUTURA

Ninguém no Ensino Médio pode imaginar que o currículo irá transformá-lo em um gênio. Se você olhar todo o conteúdo, ficará com a *impressão de que aquilo é primoroso.* **É muito mais bonito o programa brasileiro que o dos Estados Unidos ou o da Europa. Só que é uma irrealidade.** *Falta infraestrutura, falta laboratório, pouquíssimas escolas têm biblioteca. Se houvesse uma política educacional, isso seria diferente.*

MOTIVAÇÃO PARA O APRENDIZADO

*Em Didática do Ensino, nos cursos superiores de Pedagogia, aprendemos que devemos dar um bom **ensino**, mas eu sempre achei que o importante era a **aprendizagem**. Se o aluno não tiver os pré-requisitos para entender a linguagem do professor, jamais aprenderá. Na Matemática isso se chama metalinguagem. Você precisa **preparar o conceito** para depois transmiti-lo. Quando professor, criei algumas brincadeiras e jogos de cena para chamar a atenção. Depois da atenção, conquista-se a vontade de aprender. E depois dela, chega-se à motivação do aluno e ele assimila o conteúdo para sempre.*

DIFERENÇAS ENTRE ENSINO E APRENDIZAGEM

Os pedagogos modernos, de Paulo Freire para cá, dizem assim: o aprendizado é fundamental, o ensino não é. **O foco do ensino mudou para aprendizagem.** *E a aprendizagem entrou no "ser" aluno, qualquer que seja o professor, bom, ruim, bonito ou feio, se ele tiver um bom método, ele fará o aluno aprender.*

O PROFESSOR E A MOTIVAÇÃO

O professor tem que ser um companheiro, um ajudante, despertar o aluno, motivar e também professar sua disciplina, seu conteúdo e suas competências. **A motivação e o despertar do interesse são fundamentais para o aprendizado.**

PROFESSOR COMO ORIENTADOR

É básico que o professor entenda que não é apenas um apresentador de conteúdo. Tem que ser um motivador da aprendizagem, trabalhar aquele conteúdo de tal modo que o aluno conheça alguma coisa e desenvolva a competência do saber fazer. Quando ele é capaz de aplicar um conceito, então começa a adquirir cultura, conhecimento e competências. Essa aquisição nasce dele e não do professor. **O aluno é nosso objetivo, nosso "sujeito educacional".** Hoje, "dar" aula significa motivar o aluno a aprender. Esse é um conceito fundamental e que terá cada vez mais futuro daqui para frente.

A RESPONSABILIDADE DO PROFESSOR

Eu penso seriamente que **o professor do Ensino Médio é o grande responsável pelo Ensino Superior no Brasil**. Porque é ele quem conduz uma grande quantidade de jovens a querer algo, a desejar ser um profissional no futuro.

PROVOCAR O APRENDIZADO

Você deve fazer o aluno entender por que está aprendendo aquilo. É história dos **saberes** e das **competências**. Embora não me desse conta à época em que era professor do ensino básico, eu buscava resultados não apenas através dos **saberes** que eu conseguia passar, mas principalmente do **aprendizado** que eu provocava no aluno. E isso começou a dar certo primeiro no cursinho e depois nas faculdades. Por onde eu passei, sempre fui muito querido pelos alunos. Quando entregava a matéria para o aluno, eu mastigava antes; nunca dei osso de pescoço para alguém roer. Eu traduzia o assunto em miúdos, eu buscava exemplos e contraexemplos e, com isso, fui desenvolvendo uma maneira de ensinar muito objetiva. Porém, **a maioria dos professores é formada por quem ensina e não por quem provoca o aprendizado**.

PROFESSOR MAIS PARTICIPATIVO

É difícil ser professor nos dias de hoje e eu posso parecer um pouco revoltado, mas sempre fiz o estilo arredio à forma cartesiana e canônica de lecionar. O que sempre me interessou foi o aprendizado. Se o aluno aprende bem, eu cumpri meu papel. **Não dou importância aos professores que formam grandes alunos, mas sim aos alunos que resultam de grandes professores.** O meu vetor está sempre apontado *para o aluno. Eles são nosso futuro. Nós somos um passado recente querendo colaborar com eles. Eu acho que os professores têm que melhorar muito e sempre, procurar participar mais.*

MECANISMOS PARA ATRAIR A ATENÇÃO DOS ALUNOS

Hoje nós temos um cabedal de conhecimentos, de técnicas. Não basta seguir o livro-texto ou outro material de apoio ao aprendizado. Isso é o mínimo que o professor deve fazer. Além do livro-texto, os casos, os exemplos e as atividades motivadoras devem servir como complemento. ***O professor precisa ser sempre questionado****. Se tem dificuldades, ele precisa se preparar melhor, não apenas fazer uma aula aleatória. Ele deve ter a intenção de buscar um exemplo que motive. Um professor de economia pode escolher um bom texto de um caderno de economia do jornal diário. Com a adição de seus conhecimentos e a definição do objetivo, ele terá uma aula pronta, moderna e atual.*

PROFESSORES COMO IDEALISTAS

Há professores que tentam deixar as aulas mais atrativas. Não fosse isso, a educação no Brasil teria parado há 200 anos. Eles adaptam, improvisam e fazem milagres. Eu fui professor de escola pública e tinha que levar giz, e o retroprojetor, que era meu. Então as escolas do Brasil, em grande número, estão depauperadas. ***O professor de hoje é um herói, e todos nós somos idealistas, está em nosso íntimo****. Todos nós queremos ver o aluno crescer e até se tornar melhor que nós. Essa foi sempre a nossa intenção.*

COMO REALIZAR O PROJETO DE VIDA DO ALUNO

A Matemática não me ensinou somente números ou fórmulas. Ensinou-me meios de raciocínio, lógica, argumento e contra-argumento. E a minha visão de educação é a de melhorar a vida das pessoas. Para que serve a educação? Para você ser um culto inglório? Um erudito triste? Como é que eu auxilio a desenvolver o projeto de vida de um garoto? ***Você tem que analisar os dons, algo que as pessoas também chamam de aptidões ou competências****. Aí você começa a fazer com que essas* *pessoas melhorem de vida. Se você tem uma visão direcionada a isso, a educação é um meio. E o educador é a pessoa que sistematiza e lida com os processos para esse meio.*

O PROFESSOR E A COMUNICAÇÃO COM OS ALUNOS

Eu tive colegas que davam aulas de costas para a classe. É horrível. Eu tive um professor na faculdade que fazia isso. A gente saía para a cantina e, quando voltávamos, ele ainda não tinha virado e nem reparado que havíamos saído. Exageros à parte, o professor tem que saber se comunicar. **Uma aula expositiva cabe bem em alguns assuntos, em outros não há mais espaço para púlpito, para o grande orador.** *Ele tem que estar com o aluno nos grupos, fazendo exercício, treinando, garantindo que o aluno aprenda, nem que tenha que forçar um pouquinho a barra e dizer "quero ver isso agora" de cada grupo, e assim por diante.*

CARÊNCIA DE PROFESSORES

Nós não temos número suficiente de professores. Hoje, 40% deles não são titulados, não possuem graduação alguma. Em certas regiões do País, o estudante que fez um curso técnico de Farmácia dá aulas de Biologia, e assim por diante. **Em muitas cidades do interior do Brasil, não existem professores, porque a profissão não atrai.** *Ainda assim, um estudo contemporâneo revela que 80% dos alunos de Pedagogia vêm das classes mais pobres da população. Aquele menino que ganha no posto de gasolina um salário mínimo se torna professor e passa a ganhar o dobro, ou seja, 100% de evolução salarial. Então, a Licenciatura funciona como inclusão social. O problema é que essa pessoa, em três ou quatro anos de uma faculdade, aprendeu o mínimo, não vai se especializar, porque ela quer o salário, quer viver o projeto de vida dela.*

PROFESSORES: O CICLO SOCIAL DA EMPREGABILIDADE

O ciclo da formação/contratação de professores ocorre de duas maneiras: 1. entre os mais pobres, que se formam às pressas: a carreira funciona como um indutor de ascensão social, mas sem interesse deles e/ou condições para progredir por meio de uma especialização; então, acabam se tornando professores do ensino básico; 2. **os filhos dos mais abastados que fazem Licenciatura vão direto para as IES particulares ou para as públicas de status elevado, porque a oferta de emprego é grande**. *Eles não querem lecionar no ensino básico, porque o salário é menor. E aí você não tem como segurar, configura-se a concorrência social.*

FORMAÇÃO DEFICITÁRIA DOS PROFESSORES

O professor hoje é deficientemente formado. Na minha época, existia o curso Normal, de nível superior, cujo currículo tinha metodologia de ensino, sociologia, filosofia da educação etc. Não se aprendia o ensino da Matemática, do Português ou das Ciências. Como fazer o que você não aprendeu? Por outro lado, quem faz Licenciatura, como eu que fiz Matemática, não é preparado para dar aulas no ensino básico. Na faculdade, ninguém me ensinou logaritmo, fração ou radiciação. Quer dizer: **a escola que forma os professores é irreal, porque ela não olha o mercado de trabalho**.

Tenho até uma pequena história pessoal: quando eu estudava na 3ª série do colegial (curso científico na época), o professor "pulou" o tema **números complexos** *(aqueles das raízes quadradas de números negativos e outros) dizendo que era assunto a ser aprendido no curso superior. Quando entrei no curso superior, de Matemática, o professor de Fundamentos da Matemática começou a usar os números complexos à vontade. Perguntado se não ia nos ensinar, ele respondeu: isso é assunto do colegial, você deveria saber! Acho que fui logrado. A incoerência e a falta de visão de muitos professores do ensino médio geram grandes traumas nos jovens.*

DESATUALIZAÇÃO DOS CURRÍCULOS NO ENSINO SUPERIOR

Talvez algumas faculdades e universidades falhem neste ponto. Há um quê de irrealidade: os professores ensinam certas coisas e as universidades exigem outras; **nós estamos formando um professor para ontem e não para o amanhã**. *Os professores* *que você forma na universidade não estão muito bem preparados. Aquele sujeito que vai dar aula para seu filho, talvez até para seu neto, não está pronto ainda, porque estudou com material antigo, sem acesso à tecnologia educacional, principalmente quem veio das escolas públicas. É preciso que o aluno tenha um pé no futuro. Ele não pode ficar amarrado ao passado, e o conhecimento muda muito rápido nos dias de hoje. Se continuar dessa forma, ele irá aprender hoje para ser um profissional de ontem; irá formar-se e permanecer desempregado.*

Reciclagem dos professores do Ensino Médio
É fundamental que o Ensino Médio mantenha um cordão umbilical com as faculdades e universidades. Seria ideal que os professores tivessem um canal dentro das instituições, por meio de um projeto de extensão. Hoje, o pouco que temos não consegue atingir todos os professores. **Não dá para abandonar um professor no interior do País sem reciclagem, seja ela via EaD ou assessoria presencial, quando esses professores morarem nas vizinhanças das faculdades e universidades.** *E com essa reciclagem, o Brasil só tem a ganhar. Isso é necessário e mandatório. Infelizmente, ainda temos muitos municípios que estão a 200 ou 300 km das faculdades.*

Integração entre Ensino Médio e Educação Superior
No Ensino Médio é possível que, em uma escala de exigências de conhecimento de conteúdo que vai de zero a dez, o aluno aprenda até sete. Lá na frente, o professor universitário exige o nove. E aí foi produzido um gap, uma lacuna. Por isso é fundamental a integração entre os níveis por intermédio do futuro professor de Ensino Médio, que faça estágio para monitorar os alunos desse nível, ou do professor atuante que passe a frequentar as universidades, cursando projetos de extensão. Tem que haver essa integração, e isso não pode parar, não é um semestre apenas. Os professores de ambos os níveis devem manter um relacionamento muito bom. **Caso o profissional do Ensino Médio pudesse lecionar nos primeiros**

anos da graduação nas faculdades, seria o melhor dos mundos. Infelizmente a legislação não permite que esse profissional trabalhe no ensino superior sem um curso de pós-graduação. Enfim, o que recomendo é que, se houver uma faculdade próxima, vá lá, participe, melhore o currículo. Com certeza isso irá melhorar a escola de Ensino Médio e a competência da Educação Superior.

"Soldados" sem armas

Nós não vemos projetos de reciclagem. O professor deveria ter contínua atualização e não tem. O Estado gasta muito mais em atividades-meio do que em atividades-fim, como merenda, pintura e reparos nos prédios. Mas aonde foi parar o investimento em tecnologia discente? **E o método? Você coloca o soldado na guerra, mas não põe a arma na mão dele**. Diz: vá lá, se vire, mate o outro, mas não tem munição.

Tecnologias educacionais

Os alunos têm hoje multimeios à disposição: computador, tablet, smartphone. **Temos que melhorar a tecnologia educacional, mas só isso não resolve**. O professor tem que saber mais que o aluno. Eu não acredito em professores que vão para a sala de aula para "aprender junto". O professor foi formado para saber mais. Dar aulas por dar, sem mecanismos de motivação, é o mesmo que atirar palavras ao vento. Imaginem o que acontece com professores de escolas distantes, da periferia, de bairros perigosos.

Tecnologia depende de planejamento

O instrumental necessário nos dias de hoje, infelizmente, o Estado não consegue pagar. Hoje, a maioria das escolas não tem computadores nas salas de aula, aliás, nem mesmo uma biblioteca. E quando se compra, digamos, um milhão de tablets para as escolas de um determinado estado, não se considera se há ou não banda larga por lá. Isso quando tem eletricidade... **É preciso ter uma política nacional de educação para lidar com a questão tecnológica**

nas escolas*. Pensar: "Vou levar tablet para a periferia, mas tem banda larga lá?". Como o País é muito grande, podemos trabalhar com modelos. Nesta cidade funciona, naquela não funciona. E reproduzir esses modelos.*

TECNOLOGIA: UMA REVOLUÇÃO ENDÊMICA

As escolas particulares já estão trabalhando com tecnologias modernas. Acredito que as públicas também farão isso após uma revolução na cabeça das autoridades educacionais. Nós vamos chegar lá, até por osmose, por gravidade, mas isso ainda vai demorar. ***Está surgindo uma revolução endêmica que não é fruto de um plano, mas da vontade de alunos, pais e professores****. Eles estão tentando agregar tecnologias modernas de ensino independentemente da vontade política dos governantes ou das escolas. Mas deveria ser o contrário, o poder público deveria até reduzir ou isentar impostos de escolas que fizessem isso.*

TECNOLOGIA *VERSUS* CONTEÚDO

O tablet é uma lousa menor e individual. Mas, a questão não é só de tecnologia, mas sim de metodologia. Qual é o conteúdo? Quais são as competências envolvidas ali? ***Modernizou-se o instrumento, mas não sei se a aula se desenvolveu****. Entre modernizar e desenvolver tem um grande passo. Eu acho que o Brasil é um país moderno, mas pouco desenvolvido. Essa parafernália de equipamentos vai ser difundida, o aluno terá que ter acesso, mas esses aparelhos vêm mais para suprir deficiências docentes e não para inovar o processo de aprendizagem. Quem quer fazer um bom aprendizado o faz com um bom livro, não precisa desses gadgets.*

COMO ENSINAR AS NOVAS GERAÇÕES

Eu não consigo mudar a geração que está vindo aí. Então, como trabalhar com este aluno às vezes indolente, às vezes revoltado, de baixa capacidade de atenção? ***Todas as respostas estão na motivação, na preparação da aula*** *capaz de "pegá-lo de calça* *curta", prender sua atenção. Nessa nova geração, é natural o sentimento de saber fazer tudo sozinho. E nem sempre os professores estão preparados para este aluno que já tem smartphone.*

SISTEMAS DE ENSINO: O NOVO LIVRO DIDÁTICO

O livro didático está se transformando em sistema de ensino. É aquele conjunto de apostilas, de bons livros, escritos por bons autores, com linguajar gostoso, metodologia atrativa, oferecendo experiências práticas. Agora, além do livro, tem o DVD, as projeções, o livro do mestre em um pendrive. **Esse sistema liberta o aluno do professor, na medida em que permite a autoaprendizagem.** *O estudante não fica mais passivo, apenas ouvindo a transmissão de um conteúdo maçante. Isso fará com que, cada vez mais, o professor passe a ser um tutor, não mais o "ensinador", o "parlador", porque isso está acabando.* **Foi o grande milagre da educação básica brasileira.** *É uma maravilha, melhorou sensivelmente nosso ensino público, o Fundamental e o Médio. Os atuais sistemas de ensino que as escolas compram ou vendem para seus alunos já são muito melhores do que o ensino tradicional da lousa e giz. O material didático hoje à disposição desses alunos promove o aprendizado dos conteúdos e desenvolve competências e, na maioria dos casos, o trabalho em equipe.*

REGRAS PARA O LIVRO-TEXTO

Deveríamos ter uma política, legislação estadual ou mesmo federal, que determinasse como obrigatório o livro-texto, mas ele **deve oferecer um instrumental de ensino e programas que conscientizem o aluno de que o aprendizado depende muito mais dele que do professor.** *Se ele ficar na dependência do "ensinador", permanecerá como ouvinte.*

PROFESSOR *VERSUS* LIVRO-TEXTO

A escola pública nunca teve livro-texto. Eu não sei por que se espalhou nos círculos de ensino que o professor é o "cara" que sabe

> *tudo e o autor do livro não. Então, o professor evita o livro-texto na sala de aula.* Ele prefere escrever na lousa, como se lousa ensinasse alguém.
>
> *A adoção de um livro-texto ou até das apostilas de "sistemas de ensino" melhoram em muito o aprendizado, pois significam material didádito de apoio, na mão do aluno. Os estudantes não ficam na dependência de resumos e rascunhos do professor, aulas desconexas, mal preparadas etc. Sou forte defensor de um programa de livros-textos, inclusive em nível nacional, pois padronizaria os conteúdos, melhoraria o rol de competências e, acima de tudo, colocaria o material didádico nas mãos dos alunos, o que promoveria um aprendizado significativo.*

ENSINO TÉCNICO

O ensino técnico como conhecemos hoje no Brasil tem pouco mais de 100 anos. Embora desde o Brasil Império já existissem escolas de ofícios ligados à indústria, como os Liceus de Artes e Ofícios de São Paulo e do Rio de Janeiro, fundados na segunda metade do século XIX, foi apenas no seguinte que surgiu uma medida federal para fomentar o setor. Em 1909, o presidente Nilo Peçanha (PRF) criou, através de decreto, 19 Escolas de Aprendizes Artífices, voltadas para a capacitação de mão de obra para membros das classes baixas. A medida acompanhava a mudança do perfil econômico do País, onde já se delineava o crescimento das cidades e, com ele, também o da atividade industrial.

Foi o novo ciclo de incremento da indústria, aliás, que puxou o segundo marco do ensino técnico no Brasil. Em 1937, no governo Getúlio Vargas (PTB), a Constituição integrou o ensino técnico à indústria. O texto transformou as Escolas de Aprendizes Artífices em Liceus Industriais, que trabalhavam em sintonia com as fábricas – por sua vez as maiores interessadas na formação dessa mão de obra. O ensino "pré-vocacional", como era chamado, foi visto como dever do Estado, e as indústrias e os sindicatos foram requisitados para compor escolas de aprendizes destinadas à formação dos filhos de operários e associados. Foi nesse contexto que os industriais reunidos na CNI (Confederação Nacional da Indústria) criaram o Senai (Serviço Nacional de Aprendizagem Industrial), em 1942, referência no ensino técnico até hoje.

Ao longo das décadas de 1940 e 1950, poucas mudanças aconteceram, a maioria apenas mudando o nome das escolas técnicas federais, até que em 1961 a Lei de Diretrizes e Bases equiparou o ensino técnico ao acadêmico. Essa escalada de *status* foi acompanhada pela mudança de percepção acerca do ensino profissionalizante que começava a existir.

Apesar da alta demanda, o ensino técnico não era muito bem visto por famílias de classes média e alta, que desejam para os filhos um ensino superior. Aqueles que optavam pela formação técnica eram, em geral, os jovens carentes que buscavam por oportunidades de trabalho. Entretanto, os que fizessem essa escolha não poderiam prestar exame vestibular, pois deveriam necessariamente ter passado pelo ensino secundário integral. Assim, o curso técnico ao mesmo tempo em que permitia a qualificação profissional, fechava o caminho para a continuidade dos estudos no ciclo superior.

À medida que a atividade industrial ganhou impulso e se consolidou, o ensino técnico deixou de ser visto como uma alternativa apenas para formar mão de obra entre os trabalhadores pobres. A criação dos cursos de tecnólogos, na década de 1970, ajudou nesse processo. A partir da LDB de 1996, o Ensino Técnico passou a ser um curso à parte, feito paralelamente ao Ensino Médio, após a conclusão deste ou integrado totalmente a ele.

CARBONARI: TRABALHO COM VOCAÇÃO

OS ANTIGOS CURSOS TÉCNICOS

*Até pelo menos meados dos anos de 1970, a maioria dos colégios do interior do Brasil eram escolas técnicas de contabilidade. No final do curso, **o aluno recebia um diploma para poder trabalhar**. Mas, além de contabilidade, por que não fizeram um curso de línguas, de mecânica? É que ali já houve a influência do que chamo* de "aristocracia educacional brasileira". Fez-se somente aquilo que interessava a determinado grupo.

Despertar de vocações

O ideal seria que, no Ensino Fundamental, o aluno começasse a sofisticar seu conhecimento, mas o **desenvolver aptidões** e o **despertar de vocações** através de uma pré-educação técnica foram deixados de lado nas últimas décadas. **A lei permite trabalhar a partir dos 14 anos, mas hoje em dia o aluno sai desse ciclo e sabe fazer o quê?** Pode trabalhar em quê? Eu aprendi artes manuais, eletricidade, um pouco de hidráulica. Ali foram despertadas muitas profissões entre meus colegas.

Educação para o trabalho

O professor ensina igualmente os alunos acreditando que todos eles serão presidentes de empresas, mas ninguém faz educação para o trabalho como preconizado na Lei nº 5.692, de 11 de agosto de 1971. **Nós temos que desenvolver o projeto de vida do aluno, para que ele tenha um emprego, faça faculdade e mantenha sua família.**

Ensino Técnico versus Ensino Superior

A grande maioria da população não cursa o Ensino Superior. É aí que entram as palavras "ensino técnico". **Eu acredito que o Ensino Médio deveria preparar todos para o Ensino Técnico (ou acadêmico, em algumas áreas):** quem tem habilidade e competência para trabalhar em uma área de que gosta ou aquele que vai para a universidade. Com um bom embasamento, não vejo problema algum. Isso não significa uma volta ao passado, com o antigo currículo do Científico, Normal e Clássico, mas acho que, pelo menos após uma primeira série básica, de humanidades, as segundas e terceiras séries do Ensino Médio já deveriam buscar um Ensino Técnico e profissionalizante. É evidente que quando me refiro ao Ensino Técnico, não deixo de prever que muitos alunos querem seguir as áreas das humanidades, ciências sociais etc. Então *vamos dizer o seguinte: ensino técnico ou acadêmico, para aqueles que aspiram a outras áreas do conhecimento.*

POR QUE NÃO UM TÉCNICO?
Há muitos buracos na educação. No Brasil, a educação superior, infelizmente, sempre foi responsabilidade do governo federal. E o ensino básico, em todos os ciclos, ficou para o estado e as prefeituras. Aquela prefeitura que teve condições formou gente boa, ao contrário daquela que não teve. **E há ainda a cultura livresca e cartorária do diploma que o Brasil sempre teve:** *"o meu filho tem que ser engenheiro", mas não poderia ser um técnico?*

FALTA DE CAPACITAÇÃO PARA O MERCADO DE TRABALHO
Hoje existe Ensino Técnico, mas há dez anos não havia. O próprio empresário preferia treinar o funcionário em sua empresa a tentar encontrar um profissional no mercado. Como o Brasil se desenvolveu muito na área industrial, há um descompasso entre a formação de técnicos e a necessidade das empresas – acho que levará de cinco a dez anos para suprir isso. **Um técnico, com dois anos você forma, um engenheiro com cinco.** *É preferível soltar esses tecnólogos e, após isso, ter uma boa safra de engenheiros. Mas essa foi uma opção infeliz do Brasil, uma política de governo errada. Por isso o Pronatec (Programa Nacional de Acesso ao Ensino Técnico e Emprego) será um grande programa de inclusão social e empregatício.*

FORMAÇÃO DE TECNÓLOGOS
Eu acredito que o Ensino Médio poderia ser dividido em dois anos de conteúdo geral e um terceiro abrangendo também disciplinas técnicas. **O aluno não precisa esperar até os 24 ou 25 anos para buscar seu primeiro emprego.** *Ele pode muito bem, aos 18 ou 19, se fizer um curso de tecnólogo de dois anos, começar a trabalhar. Futuramente, se quiser, ele faz o bacharelado, já com seus próprios recursos, com sua família um pouco mais estável. Enfim, como um brasileiro engajado no sistema produtivo, algo de que a nação precisa muito.*

> **ENSINO TÉCNICO VERSUS COMMUNITY COLLEGE**
> *Nos Estados Unidos, os* community colleges *são instituições públicas que oferecem ensino superior de dois anos. É uma boa opção, pois treina a pessoa para uma formação média, geral, que possibilita trabalhar, por exemplo, no comércio, em escritórios, na área de serviços etc. Foi uma solução adequada que os americanos encontraram para essa classe média baixa, para a mão de obra não qualificada, pois forma a pessoa medianamente, embora não seja uma universidade. E serve de base para qualquer área. Se você fizer dois anos no community college em uma área de gestão, por exemplo, adquire boa base para continuar os estudos em uma faculdade de Administração. Algumas faculdades até exigem que, para fazer Medicina, você passe por dois anos de* community college *na área de saúde, para aprender os rudimentos.*

ENSINO SUPERIOR

De acordo com o Censo da Educação do MEC, o total de alunos na Educação Superior brasileira chegou a 7,3 milhões em 2013, quase 300 mil matrículas acima do registrado no ano anterior. No período 2012-2013, as matrículas cresceram 3,8%, sendo 1,9% na rede pública e 4,5% na rede privada.

Os estudantes estavam distribuídos em 32 mil cursos de graduação, oferecidos por 2,4 mil instituições – 301 públicas e 2 mil particulares. As universidades eram responsáveis por 53,4% das matrículas, enquanto as faculdades concentravam 29,2%.

O total de alunos que ingressou no Ensino Superior em 2013 permaneceu estável em relação ao ano anterior e chegou a 2,7 milhões. Considerando-se o período 2003-2013, o número de ingressantes em cursos de graduação aumentou 76,4%.

Os cursos tecnológicos eram responsáveis por 13,6% das matrículas na Educação Superior. Entre 2003 e 2013, o número de matrículas subiu de 115 mil para quase um milhão, o que representava crescimento médio anual de 24,1%.

A maioria dos 321 mil docentes da Educação Superior possuía mestrado ou doutorado. Considerando-se que o mesmo professor pode atuar em mais de uma instituição, em 2013, havia 367 mil funções docentes, sendo 70% mestres ou doutores. Nos últimos dez anos, o número de mestres e doutores na rede pública cresceu 90% e 136%, respectivamente.

O Censo também revela que as matrículas nos cursos de licenciatura aumentaram mais de 50% nos últimos dez anos, um crescimento médio de 4,5% ao ano. Anualmente, mais de 200 mil alunos concluem cursos de licenciatura, sendo que a modalidade Pedagogia correspondia a 44,5% do total de matrículas.

Em 2013 havia mais de 1,2 mil cursos a distância no Brasil, o que equivalia a uma participação superior a 15% nas matrículas de graduação e, em 2003, apenas 52. Atualmente, as universidades são responsáveis por 90% da oferta, o que representa 71% das matrículas nessa modalidade.

Os dez cursos com maior número de matrículas concentram mais da metade da rede de Educação Superior no País: Administração (800 mil), Direito (769 mil) e Pedagogia (614 mil) eram os cursos com o maior número de alunos.

CARBONARI: FORMAÇÃO E PROJETO DE VIDA

NÍVEL DE CONHECIMENTO

Quando vou dar aula de Matemática no Ensino Superior, preciso fazer um teste diagnóstico com o meu aluno para saber por onde devo iniciar. ***Eu não posso começar no nível 15 se ele está no 7. Fora isso, a questão de nível é irrelevante.*** *É muito mais uma desculpa para aquele professor conservador, herdeiro de uma aristocracia feudal, que pretende manter o padrão que tem, de ensinar de determinado nível para cima. Esse professor ficará sozinho, não tem lugar para ele no futuro.*

A UNIVERSIDADE DO FUTURO

Eu imagino a universidade do futuro assim: um tutor no lab center *dizendo ao aluno: "Estude isso e traga os exercícios para mim amanhã".*

Chama-se aula invertida. Eu já tenho essa experiência na Anhanguera. ***A aula de sexta-feira tem conteúdo e exercícios liberados na sala virtual do aluno na segunda-feira seguinte.*** *Ele vai até a faculdade apenas para tirar dúvidas. Na verdade, é o que a Universidade de Harvard sempre fez.*

FORMAR PARA O MERCADO DE TRABALHO

Diferentemente das anteriores, que definiram que a função do Ensino Superior era "preparar a elite intelectual do País", a LDB, de 1996, é a única que diz que "o diploma de curso superior habilita para o mercado profissional". Foi aí que comecei a pensar: estou dentro da lei quando formo para o mercado. ***E, se não fizer isso, caio naquela mesmice de "vamos formar o aluno para se tornar um ser integral".*** *O que é ser integral? Eu não sei o que é isso. Eu sei o que é formar alguém para desenvolver suas funções sociais, seu projeto de vida na sociedade, isso é real.*

DIFERENÇA ENTRE TRABALHO E EMPREGO

Formar um engenheiro civil para trabalhar em sua área não é hoje o paradigma exato, porque 55% dos engenheiros trabalham com finanças. Então você tem que dar formação para que ele tenha, não só um grau acadêmico, e sim uma ocupação. Minha preocupação sempre foi distinguir trabalho de emprego, ***porque haverá muito trabalho no futuro, porém teremos uma guerra pelos empregos.***

POR QUE É NECESSÁRIO ESTUDAR?

Hoje, o mundo demanda melhor formação. A evolução do mundo está exigindo que se estude mais e de modo mais rápido. Décadas atrás eu diria simplesmente "a formação superior não é necessária". A exigência do meio produtivo vai levando as pessoas a ter especialização, que, por ora, é buscada na escola. ***O que faz diferença para disputar uma vaga, no entanto, é a capacidade empreendedora, saber trabalhar em equipe, e não mais títulos no currículo.***

Como um projeto de vida pode dar certo?
Costumo brincar dizendo que eu não sonho, mas planejo. Para realizar um projeto de vida, é preciso, primeiro, ter visão daquilo que se quer, depois traçar o caminho, planejar. Precisa ter capacidade de realização, organizar-se para isso. **Precisa ter abnegação, esforço, estudo, coragem, analisar as pedras do caminho.** *A menos que a pessoa seja extremamente carismática, para quem tudo dá certo; um iluminado que consegue atravessar o rio andando sobre as águas...*

Duração dos cursos no Ensino Superior
Aumentar o tempo de escolaridade no Ensino Superior é prejudicial para o mercado de trabalho. Nós estamos educando para uma profissão. Será mais um profissional inserido na sociedade. **Cada grupo social forma uma parte da nação. E essa nação está evoluindo bastante quanto ao conhecimento, às competências.** *Vivemos em um país novo, de uma conjuntura mais favorável do que há 30 anos. Pode ser que o Brasil, em cinco ou dez anos, integre o grupo dos cinco países mais influentes do mundo. Não dá para deixar de considerar esse pano de fundo, mas é preciso certo nivelamento. Os cursos – tecnólogo, bacharelado ou licenciatura – não devem ter currículos que abranjam tudo o que existe no mundo do conhecimento, mas apenas o conteúdo capaz de dar formação geral para o estudante.*

Fim do modelo de aula presencial
A universidade brasileira precisa entender que não faz mais sentido a condição imposta de 75% de presença para que o estudante se forme. O ensino presencial veio do modelo industrial, da produção em série: classe, hora, semestre, bimestre, todo mundo na mesma sala, provas iguais. **A nossa universidade é um pouco taylorista.** *Hoje, onde o aluno estiver tem acesso à informação. No MIT (Massachusetts Institute of Technology), a aula de hoje está disponibilizada amanhã no site da instituição. Você estuda por conta própria e, a cada dois meses, vai até lá e faz sua prova de proficiência. Assim, o campus passa a ser uma*

central de laboratórios, focado nas aulas práticas, para cursos que necessitam delas, como o de Medicina.

EAD *VERSUS* EXPERIÊNCIA PRESENCIAL

Há quem diga que o aluno de EaD perde a importante experiência trazida pela convivência com colegas e professores no ensino presencial. Mas, **hoje, nas aulas presenciais, são acima de 100 alunos por sala, nem sempre esse contato promove um desejado intercâmbio**. É claro que a competência do saber fazer ainda precisa de uma modulagem prática no laboratório, mas nada muda o fato de que, se você tem um conceito, ele é igual em todos os lugares e acessível de várias formas.

ENSINO SUPERIOR: BRASIL *VERSUS* ESTADOS UNIDOS

Os Estados Unidos têm o mesmo problema que o Brasil: são muito conservadores. Durante as cerimônias de formatura, o reitor de Harvard se senta na mesma cadeira e faz o mesmo ritual. Porém, os EUA estão cada vez mais povoados por latinos, chineses e indianos. **Não é mais aquele tradicional filho americano que vai para uma das 15 ou 20 ilhas isoladas, que são excelência em pesquisa, e sim o aluno que trabalha das 9h às 17h**. Eles querem fazer uma boa faculdade, conquistar um bom emprego, tornar seu projeto de vida real.

ENSINO SUPERIOR EM OUTROS PAÍSES

Os EUA estão começando a ficar liberais quanto ao perfil de quem frequenta uma universidade, mas ainda há muitas escolas de elite. Só que essas escolas dependem de grandes doações, de grandes fortunas. **Pode ser que a base da pirâmide se alargue quando essas grandes fortunas não existirem mais, porque eles terão que rever suas receitas**. A Inglaterra também é bem conservadora, mas, assim como os EUA, tem universidades para todas as classes sociais. Já em países nórdicos, como a Noruega e a Suécia, há um movimento muito focado no desenvolvimento do aluno. Eu não defenderia o sistema japonês, que é muito rígido. A Coreia do Sul já é um bom exemplo de modernização na educação, mas a China não, porque existem muitos *mundos dentro de um único país. Lá, grandes cidades possuem boas universidades.*

Conservadorismo no Ensino Superior
Nos EUA, assim como na Europa, algumas escolas tradicionais se baseiam no antigo binômio: eu sei "x, e você tem que aprender "y". **O professor é o sujeito e o aluno o objeto.** *Eles pensam em ensino e nós, modernamente, pensamos em aprendizagem. Porque se eu ensino e você não aprende, eu não ensinei.*

Limitações no Mestrado e no Doutorado
O "meio de campo" brasileiro é melhor que o lá de fora, embora o "pico" da educação de fora seja melhor que o daqui. Ou seja, **os mestrados e os doutorados no exterior são mais populares, de fácil acesso e admitem um maior número de estudantes**. *O mestrado brasileiro ainda é restrito e eu reputo isso às dificuldades dos órgãos governamentais. Ainda temos muitos aristocratas na Capes (Coordenação de Aperfeiçoamento de Pessoal de Nível Superior).*

Pesquisa na Prática
Caso o saudoso cardiologista Adib Jatene tivesse permanecido na USP (Universidade de São Paulo) 40 horas, em regime de dedicação exclusiva, nunca teria operado alguém. **Há profissões que você tem que ir para a rua**. *Na Universidade de Waterloo, no Canadá, que é mantida e controlada pela associação comercial e industrial,* **o aluno fica um semestre estudando, outro na empresa e assim por diante**. *Por isso surgem todas essas startups lá. No 5º semestre, esse menino ou essa menina já bolou um negócio, a empresa compra a ideia, nem precisa se formar.* **Para que diploma? Para colocar no quadro? O importante é a formação!** *O Canadá forma hoje grandes cientistas, grandes técnicos.*

Vestibulares
Há alguns anos atrás, eu fiquei chocado ao saber que o Brasil forma 70 mil engenheiros por ano, enquanto a China forma 700 mil no mesmo

períoodo. Se 10% dos engenheiros de lá forem ótimos, eles terão um Brasil por ano. Por aqui, se 10% tiverem o mesmo desempenho, não dá para atender nem de longe a demanda de profissionais. **O Brasil sempre segurou o número de formados, por causa do conceito de "número limite de vagas". Por quê? Vaga faz mal à saúde?** Com os vestibulares, vestibulinhos e exames de admissão, as autoridades daqui sempre pensaram no acesso à escola como se fosse uma prova hípica. O "cavalo" tem de saltar 1,21 m, porque 1,20 m não serve. Como se fosse uma grande diferença...

MUDANÇA DE CONCEITO NOS VESTIBULARES

Quando começamos a Anhanguera, em nosso primeiro vestibular, permitimos o uso de calculadora e dicionário. Fui chamado de louco. Eu digo que **a calculadora é apenas memória adicional**, milhares de cientistas morreram para criar esse instrumento. E aí vem um cara e diz "na minha aula não pode usar calculadora". Então também não pode usar caneta esferográfica, tem que usar pena, tinta e mata-borrão...

CRISE NAS UNIVERSIDADES PÚBLICAS

No governo Quércia (Orestes Quércia/PMBD-SP) foi assinada a autonomia global das universidades estaduais. Ocorre que os sindicatos foram aumentando os salários, criaram-se fundações para contratar funcionários. **Eu vi o resultado disso pessoalmente na Unicamp**. Hoje a instituição tem 2.800 professores e 7.800 funcionários. Na minha instituição, temos um terço de funcionários e dois terços de professores.

LEI DE RESPONSABILIDADE EDUCACIONAL

As fundações estão sangrando as instituições. O que elas fazem? Pegam o emprego aqui e lá. **É um desvio de verbas fabuloso**. Porque a lei determina o limite de 75% do orçamento com gasto de pessoal. Por isso, tentei pessoalmente incluir a lei de responsabilidade educacional no Plano Nacional de Educação (PNE), mas não passou. O objetivo era tornar obrigatório o cumprimento de metas pelo gestor educacional. Caso contrário, seria imposta uma punição. O gestor seria cassado e proibido de exercer gestão acadêmica, como ocorre na administração pública.

ELEIÇÕES DIRETAS PARA REITOR

Jamais aceitei que diretores, pró-reitores e reitores sejam eleitos diretamente. Se existe uma política institucional que dá base à filosofia educacional, à estratégia, a eleição direta não se aplica. ***Se assim fosse, era preciso dar respostas às bases, e não às normas e diretrizes.*** *Uma vez conversei com o dr. Pinotti (José Aristodemo Pinotti, oncologista, deputado federal e secretário da Saúde e da Educação em SP), que foi reitor da Unicamp. Naquela época havia uma briga muito grande por eleições diretas. Ele era contra e me disse: "Quando eu operar sua mãe, você quer que eu faça uma eleição para escolher o cirurgião entre meus dez assistentes ou prefere que eu opere?".* ***Quando você está tratando de gestão, deve escolher, para cargos diretivos, as pessoas mais qualificadas.*** *Não é uma questão de bases, de apoio político, de grupos. Eu sempre fui contra esse "basismo", seja de direita, seja de esquerda. Nunca fui dado a "assembleísmo", nunca fui corporativista. Sempre fui um gestor que preferia seguir normas, premissas, políticas, planejamento. Sempre tive compromisso com mérito, resultados, eficiência.*

FACULDADES PÚBLICAS DEVERIAM SER PAGAS

Aqui no Brasil nunca houve essa relação, mas deveria haver. Nossa estrutura de ensino nunca favoreceu isso. ***Veja os números: 70% dos alunos da Unicamp e 60% dos alunos da USP têm condições de pagar um curso superior.*** *Não seria mais fácil todo mundo pagar um salário mínimo? Os 30% ou 40% restantes receberiam bolsa do Prouni automaticamente.*

COTAS E PROGRAMAS DE SUBSÍDIOS

Eu defendo apenas a cota social. ***Os alunos de baixa renda deveriam ficar com 50% das vagas.*** *Do jeito que está hoje, só faz universidade pública quem é bem-sucedido economicamente.*

POLÍTICA EDUCACIONAL

No Brasil, a questão da política educacional está, hoje, concentrada no Plano Nacional de Educação (PNE), um conjunto de metas proposto para fazer avançar a qualidade do ensino. Ao contrário do que se possa imaginar, esse objeto não surgiu em tempos recentes. Sua concretização é um sonho antigo dos educadores. Em 1932, o movimento da Escola Nova fez a primeira referência no País sobre a necessidade de um plano geral de educação elaborado pelo Estado. Para o grupo, que contava com importantes nomes, como Anísio Teixeira, Edgar Roquete-Pinto e Cecília Meirelles, o modelo seria calcado na escola pública, laica, obrigatória e gratuita. Dois anos depois, a Constituição Federal estabeleceu em seu artigo nº 150 o projeto de "fixar o plano nacional de educação, compreensivo do ensino de todos os graus e ramos, comuns e especializados; e coordenar e fiscalizar a sua execução, em todo o território do País". A resolução ficou no papel, mas seguiu ao ser alimentada pelos debates entre educadores nos anos seguintes.

O assunto voltou à agenda do Estado nos anos de 1960, durante o governo João Goulart. Em 1962, seguindo as orientações da Lei de Diretrizes e Bases de 1961 e tendo Anísio Teixeira à frente, o Conselho Federal de Educação elaborou um novo documento para concretizar o plano pensado 30 anos antes. O Golpe Militar de 1964 engavetou o texto e suas proposições, e a ideia de um novo PNE viria somente com a redemocratização, mais de meio século depois do manifesto da Escola Nova. É óbvio que, aos ditadores, não interessa um povo educado, culto e informado, pois sabem que essa população os rejeitarão mais dia menos dia.

A Constituição de 1988 estabelece em seu artigo 214 a criação de um plano nacional de educação decenal, com o objetivo de articular o sistema nacional de educação e definir diretrizes e metas para o ensino em diversos níveis. A Carta fixou cinco objetivos a serem alcançados: erradicação do analfabetismo, universalização do atendimento escolar, melhoria da qualidade do ensino, formação para o trabalho e promoção humanística, científica e tecnológica do País. A regulamentação desse princípio foi determinada pela Lei de Diretrizes e Bases de 1996. A União, em conjunto com estados e municípios, foi incubida de organizar o PNE.

Entre 1996 e 2001, o primeiro PNE brasileiro a de fato funcionar foi elaborado. O documento traz diagnósticos, diretrizes e objetivos e metas para a educação infantil e ensinos Fundamental, Médio e Superior, além de estabelecer uma agenda para a educação indígena, ensino a distância, formação técnica e profissional. Aprovado no penúltimo ano da gestão do presidente Fernando Henrique Cardoso (PSDB), por meio da Lei nº 10.172/01, o PNE teve seu período de vigência estendido pelos dois mandatos de Luiz Inácio Lula da Silva (PT), 2003-2011, e terminou no primeiro ano do governo da presidente Dilma Rousseff (PT).

O PNE atual, aprovado em 2014 e válido até 2024, tem 20 metas que abrangem todos os níveis de formação, desde a Educação Infantil até o Ensino Superior, com atenção para detalhes como educação inclusiva, melhoria da taxa de escolaridade média dos brasileiros, formação e plano de carreira para professores, bem como gestão e financiamento da educação.

CARBONARI: PLANEJAR, ENGAJAR, POPULARIZAR E INTERIORIZAR

FALTA DE UMA POLÍTICA EDUCACIONAL

O Brasil nunca teve uma política educacional. O que teve foi a boa vontade de alguns ministros, secretários de estado, governadores e presidentes da República. O governo pensa na rubrica orçamentária, no budget, mas não em política educacional. **Nunca chegaremos ao patamar da Coreia ou dos Estados Unidos, porque nosso político é despreparado para ter sensibilidade educacional.** *Ele pensa que se o filho dele está estudando, então tudo bem.*

PLANO NACIONAL DE EDUCAÇÃO (PNE)

O PNE não é cumprido. O que esteve em vigor de 2001 a 2011 teve apenas 50% das metas cumpridas. Faltou engajamento e sobrou desinteresse corporativo. **Aqui se pensa em uma gestão de quatro anos, mas não em um plano de dez anos.** *Eu teria uma visão pragmática se tivesse oportunidade de influenciar de fato e de direito a educação brasileira. Hoje, se um deles faz um pedaço, o outro não dá continuidade. É como obra de governador, o sujeito ganha a eleição, faz a obra dele e deixa de concluir a do anterior.*

PIB PARA A EDUCAÇÃO

Sobre o PNE atual, acho que houve um pulo do gato aí. O Senado aprovou a medida que destinará 10% do Produto Interno Bruto (PIB) para investimento em educação. **Estava tudo certo na votação, mas, quando o texto voltou do Senado, a redação havia mudado para "10% do PIB, incluindo aí os recursos do ProUni e do Fies".** *Ou seja, todos os gastos que já fazem parte do orçamento com educação.* **Não vai dar 10% de novo.**

FALTA DE ENGAJAMENTO PELA EDUCAÇÃO

Eu gostaria de ver, ainda nesta década, uma política educacional. **Que se pense na educação como responsabilidade do Estado e não do Governo.** *Não é um governo de plantão que define, mas o Estado brasileiro quem teria que fazer uma política educacional como outros países fizeram. Há muita gente brigando por cargo ali e acolá. Isso não é fazer educação.* **Educação é preparar a juventude para o amanhã;** *para aquilo que a comunidade precisa e para o que cada pessoa necessita para desenvolver suas potencialidades e seu projeto de vida. E* **não para aquilo que eu quero ou que eu gosto.**

AUTONOMIA DOS CURRÍCULOS NAS UNIVERSIDADES

Há pouco mais de dez anos, as universidades tinham maior autonomia. **Podiam criar um curso e, passados uns três anos, pediam seu reconhecimento.** *O legislador determinou que, para obter, por exemplo, o mestrado, a faculdade deveria, primeiro, pedir autorização para a Capes, de modo a atender a padrões de carga horária, presença etc.*

A "Lei de Gérson" no ensino

O Brasil tem esse padrão "cartorialista" de que todas as ideias boas precisam ser sistematizadas, colocadas em um quadrado. É uma mania que veio da Europa, com os imigrantes. Por que você precisa de selo no cartório? **É porque, no período da monarquia, o imperador recebia uma parte da arrecadação dos tabeliães. Constituía-se de um esquema para ganhar dinheiro, para tocar sua vidinha e tal**. Eu me lembro quando era obrigado a ter o diploma de Pedagogia, com habilitação em Administração escolar, para ser diretor de escola do estado. Você era efetivo como diretor e não como gestor. De repente se aboliu isso e hoje um professor de Matemática pode ser eleito diretor por dois, três, quatro anos. **Há um estado na regiãoOeste onde o partido político da situação é quem indica o diretor.** Isso é uma lástima para a educação.

Excesso de sistematização

O gestor não nasce na faculdade, ele deve ter natural habilidade e competência para fazer isso. Só que também para isso se criou sistematização. Eu fui inovador ou pioneiro em uma porção de coisas. Eu subi em árvore, usei cipó, atravessei rio a nado. **Quando eu cheguei do lado de lá, alguém falou "para aí, que agora nós vamos pavimentar a estrada. Você volta e refaz o caminho". Jamais! Eu já cheguei, não tinha regra quando eu saí**. O brasileiro não aceita isso, por causa dessa mania de controller do político brasileiro, ou seja, quanto mais você é controlado, menos visão você tem. O político brasileiro – a autoridade educacional brasileira – quer regulamentar tudo. Eu até brinco que alguns foram "normaticidas", fizeram tantas normas que mataram a pobre norma...

Jarbas Passarinho

Eu reputo Jarbas Passarinho, um estadista na área da educação. Ele abriu tudo, como fizeram Coreia, Japão e Estados Unidos, arrebentou a lei antiga, extinguiu aquele conceito de cátedra – o professor que se achava o "dono da matéria" – e instituiu os departamentos.

O departamento se misturou com o conteúdo e foi um passo adiante na democratização. **Apesar da época do período militar, ele foi muito mais democrático que os anteriores.**

Autonomia para as faculdades e universidades

Depois das mudanças realizadas pelo ministro Jarbas Passarinho, tivemos uma segunda fase, em que deveríamos começar a qualificar. E alguns ministros tentaram fazer isso. **Por incrível que pareça, outro militar, o coronel Rubem (Rubem Carlos Ludwig, ministro da Educação de 1980 a 1982) foi quem deu mais autonomia e liberdade para as faculdades e universidades criarem os currículos**, *diminuiu as amarras daquele antigo currículo mínimo, começou a qualificar.*

Aristocracia educacional

Foi muito difícil vencer, na década de 1980 para 1990, o que eu chamo de aristocracia educacional brasileira. **As grandes universidades públicas só tinham doutores cujos pais tinham sido ricos ou fazendeiros.** *E esses estavam gerando* **"aristocratas juniores" e "baby aristocratas"**...

Interiorização das faculdades

Ainda no final de 1980, o cenário era extremamente conservador: difícil acesso às escolas de bom nível que não estivessem em grandes centros, os cursinhos estavam no auge e as pessoas tinham sonhos de entrar na USP e nada mais. Isso causava frustração. Como vencer isso? **Você precisava de mais faculdades no interior, com cursos rápidos, de quatro anos, não de seis ou sete.** *O garoto do interior quer se formar, ter diploma, trabalhar. O povo quer ter um degrau a mais ou dois. Nem todo mundo deseja ser o líder da nação ou produzir pesquisa. Com a interiorização das faculdades, os jovens não precisavam vir estudar na capital, mas ainda havia poucas escolas.*

Ensino menos elitizado

A mudança do ensino começou em 1970, com muito choque por causa da ditadura militar e, na década de 1990, esse processo culminou com a ascensão dos educadores da minha geração, com mentes abertas, querendo fazer um ensino menos elitizado e politizado.

Depois tivemos outros ministros excelentes, o Paulo Renato (Paulo Renato Souza, ministro da Educação de 1995 a 2003, do Governo Fernando Henrique Cardoso – PSDB), que democratizou o ensino criando muitos programas governamentais. A década de 1990 foi quando brotaram as margaridas, todas de uma só vez. De norte a sul do País foram constituídas aproximadamente 60 novas universidades. Enfim, romperam-se os paradigmas da aristocracia educacional.

Importa registrar também que Fernando Haddad, hoje prefeito da cidade de São Paulo, foi o último ministro (governo Lula) que produziu algo novo e importante na educação superior: o Prouni – Programa Universidade para Todos (bolsas para alunos mais pobres, em IES particulares) e o novo FIES – Fundo de Financiamento para os Estudantes do Ensino Superior (um dos maiores programas dos dois últimos governos). Essas políticas revolucionaram e ampliaram o acesso das classes trabalhadoras ao ensino superior.

EDUCAÇÃO E POLÍTICA

Falta educação na política do País. *Infelizmente, no Brasil, não é político quem deveria ser, e sim quem quer ser. E para você ser eleito tem que ser popular. Leva o voto a popularidade de um radialista, de um religioso, de um artista, de um jogador de futebol, não a competência. Isso é um problema cultural endêmico. Eu defendo até hoje o voto distrital, mas não o misto. E aí você me diz: você está criando um vereador nacional. E eu digo: tudo bem, não problema algum, não tenho nada contra.* **Entre os políticos brasileiros, há aqueles que querem o bem público, está no DNA deles. E há os aproveitadores**. *O ex-prefeito de uma região tal junta três municípios, faz cinco mil votos e é eleito deputado. E está lá para quê? Qual é a defesa? Para se locupletar. E outra, se a massa, o conjunto de políticos brasileiros fosse boa, nós teríamos tido há muitos anos a reforma tributária, a reforma política, a reforma da saúde. Mas nada acontece, porque eles têm interesses arraigados. Enfim, 90% da nossa classe política não é boa.*

O FUTURO DA EDUCAÇÃO NO PAÍS

Eu aprendi com meu pai que é preciso entender que o Brasil é um país muito novo. Há universidades na Europa que tem três vezes a idade de nosso país, ou seja, 1.500 anos. Há universidades da América com acadêmicos formados a mais de mil anos. Nós avançamos? Sim, claro. **Só que o País se modernizou, mas não se desenvolveu.** *O Brasil trouxe a miséria de lá para cá ao longo de 500 anos, as castas sociais que hoje existem na Índia também existiam no Brasil.* **Será que o Brasil é o país do futuro?** *Apesar de sermos a oitava economia do mundo, temos cerca de 20% de cidadãos diplomados. E pior: há muitos iletrados. Temos dificuldades ainda na seguridade social e em outras áreas fundamentais. Mas o Brasil está começando a se desenvolver agora, porque trata de questões sociais: inclusão, ascensão e fim da pobreza. Temos programas sociais para isso*

Carbonari por definição

Carbonari,
Quero que você saiba que eu sempre fui daquelas pessoas que admiram pessoas que preparam o caminho de outras... Apoiei-me nos ombros de gigantes como você (Anhanguera Educacional), John Sperling (Apollo Group) e Stanley Kaplan (Kaplan University – The Washington Post). Cada um de vocês não criou apenas um negócio, mas sim uma nova indústria para o futuro e, em todos os casos, com conflitante oposição de muitos conservadores.

Andrew Cohen, PhD.
Presidente do Conselho de Administração
do Grupo Educacional Kaplan
Reitor da Kaplan University

"O professor Carbonari é um grande visionário, um gênio. Um homem com agilidade intelectual única. Ele rapidamente responde a qualquer tipo de questionamento, reformula desafios e resolve os problemas. Eu atribuo isso não apenas à liderança nata, mas também às oportunidades que soube aproveitar ao longo da vida."

Alberto Santana
Diretor do Núcleo de Audiovisual Anhanguera Educacional/Kroton

"O Carbonari causa um forte impacto em todos aqueles que o conhecem. É um homem cheio de paixão por suas crenças e convicções, que são fundamentadas por um volume imenso de leitura. Acredito que seja a pessoa que mais rapidamente consegue fazer uma leitura transversal de qualquer tema e, na sequência, emitir um parecer."

Ana Maria Costa Souza
Vice-presidente acadêmica Anhanguera Educacional/Kroton

"Carbonari é uma pessoa fantástica, que mudou a educação. Sair de Itatiba, construir esta empresa educacional, que hoje é a maior do mundo, ministrar palestra em Harvard... Não é para qualquer um. A Anhanguera se diferencia das demais porque ela se reinventa. Foi ele quem descobriu uma forma melhor de fazer educação superior."

Carlos Afonso Gonçalves da Silva
Reitor da Universidade Anhanguera

"Ele possui uma veia política muito forte e muita habilidade. Se dependesse de mim, seria nosso senador ou deputado. E estaríamos muito bem representados. É, talvez, a pessoa mais capaz que conheço, no sentido da compreensão do todo, da visão global e, também, do conhecimento específico, do detalhe. Por isso a Anhanguera obteve tanto sucesso."
Custódio Pereira
Diretor geral da Associação Santa Marcelina (Faculdades Santa Marcelina)

"Carbonari tinha uma frase mágica: 'Eu quero ser um educador social, levar o ensino superior a uma camada da população que nunca havia sonhado fazer um curso'. Foi uma ideia brilhante. Todo mundo criticava o ensino de massa e ele o defendia. Hoje está provado que não é a quantidade de aluno em sala de aula que define a qualidade. Ele é um sonhador, e todo homem que sonha às vezes não é bem entendido e compreendido pela sociedade."
Décio Lima
Diretor de M&A Novos Negócios no Grupo SER Educacional S.A.

"Carbonari sempre foi competente e respeitado pelos colegas e alunos. Ele realizou com êxito seu sonho e projeto de oferecer acesso ao ensino superior a uma multidão de jovens que, até então, nem sonhava em frequentar uma faculdade, por falta de vagas, condições econômicas e pela distância até as escolas. A partir da Anhanguera, a democratização do ensino superior cresceu no País, com a abertura de mais faculdades espalhadas pelo interior e com a facilitação do acesso aos jovens que têm dificuldade para custear os estudos. No entanto, o que garante o sucesso dos profissionais que passaram por essas

instituições é a qualidade da formação que receberam. Prova disso é que são absorvidos pelo mercado, que tem como exigência conhecimento seguro e competência técnica na área de escolha."

Dom Frei Caetano Ferrari
Bispo da Diocese de Bauru (SP)

"Dinâmico, persistente, combativo, firme em suas ideias. Capacidade de persuasão, excelente domínio de vários assuntos, bom amigo e agradável companhia para uma boa conversa. É um mago do setor educacional privado".

Eduardo Soares de Oliveira
Diretor geral de Ensino Superior do Grupo Opet

"Ele tem o perfil de um matemático, de pensamento lógico e raciocínio abstrato, e além disso é um excelente comunicador. Tem a mente bem estruturada e organizada. Isso valeu para, antes de tudo, ser um grande professor."

Gabriel Mário Rodrigues
Presidente do Conselho da Administração Anhanguera Educacional/Kroton

"Trabalhar com o professor Carbonari é uma experiência ímpar pelo dinamismo que empreende nas relações interpessoais. Com seu estilo de liderança, sempre transmite uma mensagem otimista ao revelar suas inúmeras ideias. Com colocações invariavelmente instigantes, faz com que as pessoas com quem se relaciona exercitem o pensamento crítico para responder aos desafios a que são frequentemente colocadas."

Gilberto Luiz Moraes Selber
Reitor da Universidade Anhanguera de São Paulo

"Um homem inteligente e com uma preocupação grande de inovar o ensino superior de forma tranquila, colocando-se como uma pessoa bastante acessível. E outra coisa importante nele sempre foi a transparência em tudo o que faz."

Guilherme Marback Neto
Reitor do Centro Universitário Jorge Amado (Unijorge)

"É aquele amigo com quem você pode contar nas horas incertas. Sempre à disposição para ajudar, mesmo em assuntos educacionais. Ele é muito franco ao falar sobre o que acredita, como funciona a Anhanguera, nunca escondeu o jogo. Nunca se recusa a discutir um assunto, mas não é radical; é capaz de ceder diante de um bom argumento, embora defenda seus pontos de vista com entusiasmo."

Hermes Ferreira Figueiredo
Reitor da Universidade Cruzeiro do Sul e presidente do Sindicato das Entidades Mantenedoras de Ensino Superior de São Paulo (Semesp)

"Carbonari sempre foi uma pessoa perspicaz e extremo conhecedor do ensino superior. Talvez sua ideia mais genial tenha sido levar a Anhanguera para a Bolsa de Valores. Ele sempre foi um espelho para mim, aprendi muito. Eu o via trabalhando e procurava replicar. Não esqueço uma de suas frases emblemáticas: 'A batalha está difícil, porém a nosso favor'."

José Janguiê Bezerra Diniz
Fundador e principal acionista do Grupo Ser Educacional

"Quando professor, ele era dinâmico, não gostava de repetir as estratégias dos outros professores, não queria fazer 'mais do mesmo'. Sempre ultrapassou a barreira do tradicional e quebrou paradigmas. Ele não gostava de nada que fosse tradicional, sempre teve ideias inovadoras. Nem todo mundo concordava com ele, existia uma ou outra indisposição, porque suas ideias eram muito à frente para a época. E, então, nós, alunos e colegas, dávamos apoio a ele".

José Luiz Poli
Sócio-fundador da Anhanguera Educacional e idealizador do Programa de Alfabetização na Língua Materna (PALMA)

"Ele tem um diferencial como professor: o domínio da sala de aula. Quando faz uma palestra é a mesma coisa. Ele usou nos projetos pedagógicos da Anhanguera esse dom de inovar, de fazer a diferença. E tem outra característica nele que colaborou muito para o meu desenvolvimento profissional: a determinação. Outros aspectos adoráveis nele são humor e simplicidade. Três elementos marcam sua personalidade: inovação, determinação e simpatia."

José Roberto Covac
Especialista em Direito Educacional da Covac Sociedade de Advogados e advogado do Semesp

"Eu pude auxiliar no processo de incorporação da Uniderp. À medida que trabalhava nisso, comecei a acreditar muito na fusão da instituição com a Anhanguera, mas principalmente depois de ler e saber mais sobre Carbonari. Hoje, entre as pessoas que conheço, considero-o, talvez, o maior visionário. Eu acompanho a questão do ensino e sei o quanto é difícil os resultados serem alcançados em qualquer nível de

educação. Indiscutivelmente, Carbonari foi um instrumento de democratização do ensino superior em nosso país."

Leocádia Aglaé Petry Leme
Reitora da Universidade Anhanguera-Uniderp

"Por ter sido professor, Carbonari jamais perdeu de vista as necessidades da categoria. Falamos aqui de uma relação que costuma ser conflituosa: mantenedores e professores. Mas ele não perde o foco e sabe que os patrões têm de fazer concessões e aceitar reivindicações. Ele me impressionou positivamente desde o primeiro momento."

Luiz Antonio Barbagli
Presidente do Sindicato dos Professores de São Paulo (Sinpro-SP)

"Nós sempre acreditamos – e o professor Carbonari foi o primeiro – que o ensino superior tinha que seguir o objetivo de preparar os alunos para o mercado de trabalho, com competências para isso, mas sem deixar de formar cidadãos com olhar crítico, que viessem a gerir não só produtos e serviços, mas também pessoas e o destino da sociedade. Ele sempre foi muito objetivo, lógico. Aprendi muito com ele nessa direção, pelo espírito pragmático e equilibrado com os valores educacionais. Com estilo de gestão participativa e claro nos objetivos e metas, sempre soube colher a contribuição das pessoas."

Valmor Bolan
Reitor do Centro Universitário de Santo André

Referências bibliográficas

Livros e estudos acadêmicos

ALMEIDA, Wilson Mesquita de. *Ampliação do acesso ao ensino superior privado lucrativo brasileiro:* um estudo sociológico com bolsistas do ProUni na cidade de São Paulo. São Paulo: Faculdade de Filosofia, Letras e Ciências Humanas da Universidade de São Paulo, 2012. Disponível em: <www.teses.usp.br/teses/disponiveis/8/8132/tde-11122012-103750/pt-br.php>. Acesso em: 14 jul. 2015.

ALVES, Lucineia. *Educação a distância:* conceitos e história no Brasil e no mundo. Rio de Janeiro: Revista da Associação Brasileira de Educação a Distância, v. 10, 2011. Disponível em: <www.abed.org.br/revistacientifica/Revista_PDF_Doc/2011/Artigo_07.pdf>. Acesso em: 14 jul. 2015.

BERNARDES. Francesca Ribeiro; LOPES, Luiz Antonio Coelho. *Estruturas administrativas das universidades brasileiras.* Rio de Janeiro: Universidade Federal Fluminense. Disponível em: <www.ead.fea.usp.br/semead/8semead/resultado/trabalhosPDF/50.pdf>. Acesso em: 14 jul. 2015.

CARBONARI NETTO, Antonio. CARBONARI, Maria Elisa Ehrhardt; DEMO, Pedro. *A cultura da Anhanguera Educacional.* Valinhos: Anhanguera Publicações, 2009.

CHAVES, Vera Lúcia Jacob. *Expansão da privatização/mercantilização do ensino superior Brasileiro:* a formação dos oligopólios. Campinas: Revista Educação & Sociedade (Cedes), v. 31, nº 111, abril/junho de 2010. Disponível em <www.scielo.br/scielo.php?pid=S0101-73302010000200010&script=sci_arttext>. Acesso em: 14 jul. 2015.

COSTA, Maria Luisa Furlan; FLOES, Sandra Cristina de Souza; TEODORO, Renata Patrícia Zancan; ZANATTA, Maria Regina. *Educação a Distância no brasil:* leitura da transformação dos princípios paradigmáticos conservadores e inovadores. Maringá: Universidade Estadual de Maringá. <www.dge.uem.br/semana/eixo9/trabalho_60.pdf>. Acesso em: 14 jul. 2015. Acesso em: 14 jul. 2015.

DURHAM, Eunice R. *O ensino superior no Brasil:* público e privado. São Paulo: Núcleo de Pesquisas sobre Ensino Superior da Universidade de São Paulo, 2003. Disponível em: <nupps.usp.br/downloads/docs/dt0303.pdf>. Acesso em: 14 jul. 2015.

MACHADO, Maria Cristina Gomes; MELO, Cristiane Silva. *Notas para a história da educação:* considerações acerca do Decreto nº 7.247, de 19 de abril de 1879, de autoria de Carlos Leôncio de Carvalho. Campinas: Revista HISTEDBR On-line, nº 34, p. 294-305, junho/2009. <www.histedbr.fe.unicamp.br/revista/edicoes/34/doc01_34.pdf>. Acesso em: 14 jul. 2015.

PEREIRA JUNIOR, Luiz Costa. *Empreendedores do ensino superior.* Editora Segmento. São Paulo: 2005.

PRYJMA, Marielda Ferreira. *A pesquisa e o desenvolvimento profissional do professor da educação superior.* São Paulo: Faculdade de Educação da Universidade de São Paulo, 2009. Disponível em: <www.teses.usp.br/teses/disponiveis/48/48134/tde-16042010-100923/pt-br.php>. Acesso em: 14 jul. 2015.

ROCHA, Idnelma Lima da. *O ensino fundamental no Brasil* – uma análise da efetivação do direito à educação obrigatória. Maceió: Universidade Federal de Alagoas. Disponível em: <www.anpae.org.br/IBERO_AMERICANO_IV/GT1/GT1_Comunicacao/IdnelmaLimadaRocha_GT1_integral.pdf>. Acesso em: 14 jul. 2015.

ROTHEN, José Carlos. *Os bastidores da reforma universitária de 1968.* Campinas: Revista Educação & Sociedade, v. 29, nº 103, maio/agosto de 2008. Disponível em: <www.scielo.br/scielo.php?pid=S0101-73302008000200008&script=sci_arttext>. Acesso em: 14 jul. 2015.

SANTOS, Rulian Rocha dos. *Breve histórico do ensino médio no Brasil.* Seminário Cultura e Política na Primeira República: campanha civilista na Bahia. Ilhéus: Universidade Estadual de Santa Cruz, 2010. Disponível em: <www.uesc.br/eventos/culturaepolitica/anais/rulianrocha.pdf>. Acesso em: 14 jul. 2015.

SAVIANI, Dermeval. *A expansão do ensino superior no Brasil:* mudanças e continuidades. Catalão: Revista Poíesis Pedagógica, Universidade Federal de Goiás, v. 8, nº 2, 2010. Disponível em: <www.revistas.ufg.br/index.php/poiesis/article/view/14035>. Acesso em: 14 jul. 2015.

SIQUEIRA, Michel Chelala. *Brasil de todos os povos* – destaques e personalidades. São Paulo: Instituto Biográfico do Brasil, 2009.

SOARES, Maria Susana Arrosa. *A educação superior no Brasil.* Porto Alegre: Instituto Internacional para a Educação Superior na América Latina e no Caribe, 2002. Disponível em: <http://unesdoc.unesco.org/images/0013/001393/139317por.pdf>. Acesso em: 14 jul. 2015.

VILAS BOAS, Sergio. *Ensino superior particular* – um voo histórico. São Paulo: Segmento, 2004.

WHITAKER, Dulce Consuelo Andreatta. *Da "invenção" do vestibular aos cursinhos populares:* um desafio para a orientação profissional. Araraquara: Revista Brasileira de Orientação Profissional, v. 11, nº 2, dezembro de 2010. Disponível em: <http://pepsic.bvsalud.org/scielo.php?script=sci_arttext&pid=S1679-33902010000200013>. Acesso em: 14 jul. 2015.

Publicações

REVISTAS IMPRESSAS
Doce Mar de Minas. Ano 1. Edição nº 5. Outubro/Novembro 2011.
Exame – 1º de abril de 2002 e 22 de junho de 2005.
Exame PME – setembro/outubro de 2008.
IstoÉ Dinheiro – 30 de julho de 2008, 19 de agosto de 2009, maio de 2010, 1º de maio de 2013 e 1º de janeiro de 2014.
Líderes – edições de setembro, outubro e novembro de 2008.
Linha Direta – fevereiro de 2009.
Veja – 2 de maio de 2001, 23 de maio de 2001 e julho de 2008.

JORNAIS
Contato – 17 de fevereiro de 2006 e 24 de maio de 2006.
Correio Popular – 8 de agosto de 2003, 12 de junho de 2005 e 25 de junho de 2013.
Folha de S. Paulo – 17 de junho de 2001, 22 de janeiro de 2006, 4 de fevereiro de 2009 e 23 de abril de 2013.
Folha de S. Paulo/Campinas – 9 de maio de 2000, 2 de dezembro de 2001, 24 de novembro de 2003 e 26 de fevereiro de 2003.
Gazeta Mercantil – 28 de abril de 2009.
Jornal da Cidade – 3 de junho de 2005, 7 de junho de 2005, 9 de junho de 2005 e 16 de fevereiro de 2006.
Jornal da Tarde – 8 de outubro de 2003.
Jornal de Itatiba – 12 de maio de 2000 e 16 de maio de 2010.
Jornal do Brasil – 5 de novembro de 2003.
Jornal Vale do Paraíba – 9 de junho de 2005 e 12 de março de 2006.
Nosso Jornal/Folha da Cidade – 13 de maio de 2000.
O Estado de S. Paulo – 27 de maio de 2001, 8 de março de 2003, 8 de junho de 2005; 7 de novembro de 2011, 30 de novembro de 2011, 23 de abril de 2013 e 2 de setembro de 2013.
O Globo – 7 de maio de 2000.
Todo Dia – 19 de maio de 2004.
Valor Econômico – 28 de junho de 2005 e dezembro de 2013.

VEÍCULOS ON-LINE
A fusão da Kroton com a Anhanguera está sob risco. Disponível em: <http://exame.abril.com.br/revista-exame/edicoes/1061/noticias/uma-fusao-sob-risco>. Acesso em: 14 jun. 2015.
Antonio Carbonari Netto – Empresário, fundador da Anhanguera Educacional. Disponível em: <http://educacaodialogica.blogspot.com.br/2008/07/antonio-carbonari-netto-empresrio.html>. Acesso em: 14 jun. 2015.
Carbonari, fundador da Anhanguera, enfrenta maior vestibular. Disponível em: <http://exame.abril.com.br/negocios/noticias/carbonari-dono-da-anhaguera-enfrenta-seu-maior-vestibular>. Acesso em: 14 jun. 2015.
Censo da Educação Infantil 2000. Instituto Nacional de Estudos e Pesquisas Educacionais Anísio Teixeira. Disponível em: <http://portal.inep.

gov.br/educacao-infantil>. Acesso em: 14 jun. 2015.
Educação Infantil no Brasil: cem anos de espera. Disponível em: <http://revistaescola.abril.com.br/formacao/educacao-infantil-brasil-cem-anos-espera-540838.shtml>. Acesso em: 14 jun. 2015.
Executivos do Pátria deixam conselho da Anhanguera. Disponível: <www.valor.com.br/carreira/3073860/executivos-do-patria-deixam-conselho-da-anhanguera>. Acesso em: 14 jun. 2015.
Gigantes da educação. Revista IstoÉ. Disponível em: <www.istoe.com.br/reportagens/294090_GIGANTES+DA+EDUCACAO>. Acesso em: 14 jun. 2015.
Kroton e Anhanguera negociam soluções com Tribunal do Cade sobre fusão. Disponível em: <http://br.reuters.com/article/businessNews/idBRSPEA2B07Z20140312>. Acesso em: 14 jun. 2015.
O primeiro da classe. Disponível em: <www.istoedinheiro.com.br/noticias/negocios/20100901/primeiro-classe/4510.shtml>. Acesso em: 14 jun. 2015.
Revista Nova Escola – Gestão Escolar: Os desafios da Educação Infantil. Edição especial nº 13. Setembro de 2012. Disponível em: <www.fvc.org.br/estudos-e-pesquisas/2011/pdf/especialeducacaoinfantil.pdf>. Acesso em: 14 jun. 2015.

Vídeos
Portal Empreendedorismo, prof. José Dornelas.
Entrevista com Antonio Carbonari Netto, da Anhanguera Educacional. Disponível em: <www.josedornelas.com.br/carbonari-trechos/>. Acesso em: 14 jun. 2015.
Programa Encontro com Educadores EaD, com Antonio Carbonari Netto e Denise Lourenço.
Núcleo de Produção Multimídia, setembro de 2009.
Programa Prioridade Nacional. "Ensino a Distância", com Antonio Carbonari Netto, Heloísa da Rocha e José de Carvalho.
Núcleo de Produção Multimídia. Anhanguera Educacional.
Rede ABMES. Antonio Carbonari Netto.
Disponível em: <www.youtube.com/watch?v=liCf7nttNT0>. Acesso em: 14 jun. 2015.

Outros materiais
Apresentação eletrônica *"Anhanguera Inclusive Business Model – apresentação para o IFC 2010".*
Anhanguera Educacional.
Apresentação eletrônica *"Apresentação Institucional – 1º Semestre de 2014 – Ano base 2013".* Março de 2014.
Anhanguera Educacional
Apresentação eletrônica *"Pilares da Anhanguera" –*
Anhanguera Educacional
Catálogo Programa do Livro-Texto (PLT) – 2005-2010 –
Anhanguera Educacional
Programa Universidade para Todos (ProUni). Brasília: ABMES Editora, 2004

Relatório *"A gestão da Educação Infantil no Brasil".*
Fundação Victor Civita e Fundação Carlos Chagas. Julho de 2012
Relatório *"Ações de Responsabilidade Social".* 2006 – Anhanguera Educacional
Relatório 2007 de Responsabilidade Social –
Anhanguera Educacional
Relatório Censo da Educação Básica 2003.
Ministério da Educação. Brasília. fevereiro de 2014
**Relatório da Associação Brasileia
de Mantenedoras de Ensino Superior**
**Relatório da Vice-Presidência
de Programas Institucionais (VPPI)** –
Dezembro de 2011. Anhanguera Educacional
Relatório de Responsabilidade Social 2009 –
Anhanguera Educacional
Relatório de Responsabilidade Social 2012 –
Anhanguera Educacional